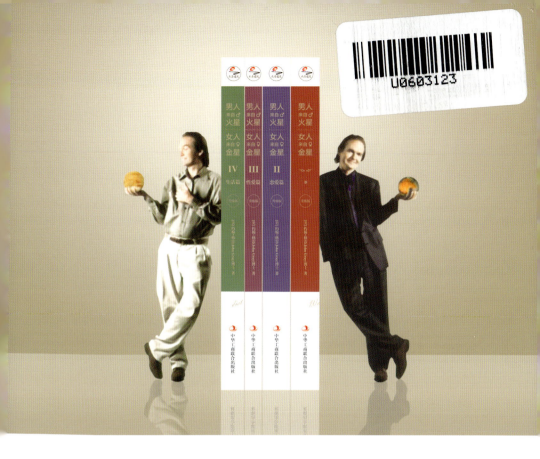

《男人来自火星，女人来自金星》作者指定授权

中文简体字正版

全新面世

新授权 新译本 新封面 新版式

全球畅销图书

U0603123

约翰·格雷首次中国之行，通过大苹果代理公司授出《男人来自火星，女人来自金星》作者指定中文简体字版权（由左至右：大苹果代理人陈历莉、作者约翰·格雷、大苹果代理人吕光东）

作者指定授权中文简体字正版

男人来自火星

The mars and venus ☿ *diet and exercise solution*

女人来自金星

生活篇

IV

[美] 约翰·格雷(John Gray)博士 著

谢珺容 译

The mars and venus
diet and exercise solution

升级版

中华工商联合出版社

图书在版编目（ＣＩＰ）数据

男人来自火星，女人来自金星：升级版. 4, 生活篇 / (美)格雷著；谢珺容译. -- 北京：
中华工商联合出版社, 2015.5 （2017.9重印）
书名原文: The Mars and Venus Diet and Exercise Solution
ISBN 978-7-5158-1272-4-01

Ⅰ.①男… Ⅱ.①格… ②谢… Ⅲ.①婚姻—通俗读物②恋爱—通俗读物
Ⅳ.①C913.1-49

中国版本图书馆CIP数据核字(2015)第076380号

THE MARS AND VENUS DIET AND EXERCISE SOLUTION:CREATE THE
BRAIN CHEMISTRY OF HEALTH, HAPPINESS AND LASTING ROMANCE
By JOHN GRAY
Copyright: © 2003 by JOHN GRAY,PH.D.FOREWORD COPRIGHT 2003 BY
DANIEL G.AMEN,M.D.
This edition arranged with John Gray Publications,Inc.
Through BIG APPLE AGENCY,INC.,LABUAN,MALAYSIA.
Simplified Chinese edition copyright:
2015 Beijing KunYuanTianCe Culture Development Co., Ltd.
All rights reserved.

北京市版权局著作权登记号：图字01-2015-4948

男人来自火星，女人来自金星：升级版. 4, 生活篇
The Mars and Venus Diet and Exercise Solution

作　　者：[美]约翰·格雷
译　　者：谢珺容
特约策划：尧俊芳　吴　迪
责任编辑：袁一鸣　夏冰心
封面设计：TEAR
内文设计：杨新华
责任印制：迈致红
出版发行：中华工商联合出版社有限责任公司
印　　刷：北京中科印刷有限公司
版　　次：2015年6月第1版
印　　次：2017年9月第3次印刷
开　　本：640mm×960mm 1/16
字　　数：210千字
印　　张：17.5
书　　号：ISBN 978-7-5158-1272-4-01
定　　价：36.00元

服务热线：010－58301130
销售热线：010－58302813
地址邮编：北京市西城区西环广场A座
　　　　　19－20层，100044
http：//www.chgslcbs.cn
E-mail：cicap1202@sina.com (营销中心)
E-mail：gslzbs@sina.com （总编室）

工商联版图书
版权所有 盗版必究

凡本社图书出现印装质量问题，
请与印务部联系。
联系电话：010－58302915

题 记

从来没有一本书像这本一样，在饮食和健康问题上考虑了男女之间的差异；

也从来没有一本书像这本一样，告诉我们节食不靠毅力，靠的是大脑化学物质的平衡；

更从来没有一本书像这本一样，提供的方法如此简单：达到大脑化学物质的平衡，你要做的仅仅是调制一份神奇的早餐。

一份神奇的早餐、一套简单的体操，不需要毅力，你就可以9天减掉9磅。

……

这就是《男人来自火星，女人来自金星4》。

这就是约翰·格雷博士继《男人来自火星，女人来自金星》之后，向人们奉献的又一杰作。

美国正陷入一场心理、情感和身体的健康危机之中，负面新闻与日俱增，俯拾皆是，各种可怕的消息向我们轮番轰来：每五个男孩中就有一个被诊断为多动症（ADHD）；青少年自杀、暴力和吸毒愈演愈烈；每两桩婚姻中就有一桩以离婚收场；每两名50岁以上的男性中就有一人患有前列腺疾病；每三名妇女中就有一人罹患癌症；65%的人超重；数以百万计的妇女被临床诊断为患有抑郁症，早晨必须要依赖精神活性药物才能起床；还有数以百万计的男性则必须要依赖处方药才能在床上一展雄姿。够了！类似的事实还可以一直不停地罗列下去，并不需要这本书来提醒你这一切的存在。

《男人来自火星，女人来自金星4》这本书为所有这些问题提供了简单实用的答案。本书探讨的是男人和女人各自的独特需要。令人惊讶的是，在数以百计的饮食健身类书籍、自助书籍和心理手册中，没有一本指出了男人和女人对饮食和健身的反应有何不同。人们接受的建议基本上都是整齐划一、男女通用的，压根儿没有考虑到两性差别的存在。

饮食和健身对男性和女性的影响有何不同呢？

让我们来看看本书即将探讨的部分鲜为人知或其他书籍鲜少论及的论题：

★你是否知道，同一份饮食计划会让男人体重减轻，却让女人体重增加？

★你是否知道，令男人感到疲惫的主要原因是他的饮食结构，而不是工作量的大小？

★你是否知道，女人的饮食比伴侣的行为更能让其产生成就感？

★你是否知道，女人需要更多的爱抚和温情，而男人则需要更多的性来产生健康的大脑化学物质？

★你是否知道，为什么男人比女人更容易对有害物质、工作或运动上瘾？

★你是否知道，男人更容易出现低多巴胺症状，而女人则更容易出现低血清素症状？

★你是否知道，监狱里90％的犯人都是男性，而且大多数犯人都有低多巴胺症状?

★ 你是否知道，女人比男人更容易患忧郁症?

★ 你是否知道，帮助男人减重的锻炼计划不但不能让女人体重减轻，反而会让她们对食物产生强烈的渴望?

★ 你是否知道，某些食物搭配会让男人昏昏欲睡，却让女人兴致勃勃，又有些食物则会相反?

★ 你是否知道，采纳新的饮食计划（即使计划本身并没有什么优点）会让男人暂时瘦下来，却不会对女人产生同样的效果?

★ 你是否知道，不吃早餐会让女性情绪低落，体重增加，却会让男人的多巴胺增加，使得他们工作一天后筋疲力尽，暴饮暴食?

★ 你是否知道，男人的忧郁和女人的忧郁无论在症状还是解决办法上都截然不同?

★ 你是否知道，锻炼一般不会让肥胖的女人体重减轻，但对于肥胖的男性来说却绝对必要?

通过《男人来自火星，女人来自金星4》这本书，你可以对以上罗列出来的两性差异作深入的体察，了解到别处所了解不到的前沿研究成果。你还会对自己的健康、幸福和爱情有清醒的认知和理解，不会被各种书籍、媒体和权威机构中无数自相矛盾的观点弄得不知所措。

男人来自火星 女人来自金星 4

　　这本书的目的是向你介绍有关营养、锻炼、大脑化学、性别荷尔蒙和压力管理这五大健康领域的基本信息。一旦这些拼图的碎片全部摆在你的面前，它们就会严密地结合在一起，你也就会知道我们之前关于饮食、锻炼和情感关系的观点为什么是错误的，以及为什么这些新的观点才是正确的。尽管过去你曾有过遗憾和失败，但这一次，你一定会受到激励，通过创造能制造健康、幸福和持续爱情的神经化学物质，重新尝试并取得成功。

约翰·格雷

第 ❸ 章　火星人需要多巴胺

第 ❹ 章　金星人需要血清素

第 ❺ 章　内啡肽来自天堂

第 8 章　健康就这么简单

第 9 章　如何才能深深地爱上健康食品

第 ⑩ 章   女人吃什么最好？男人吃什么最好？

第 ⑪ 章   体型决定吃什么

第 ⑫ 章　身心健康的秘密：自我治愈

男人来自火星 ♂ 4
女人来自金星

The Mars and Venus Diet and Exercise Solution

♛

第1章
火星人的秘密食谱，金星人的健康法则

自从我开始写作《男人来自火星，女人来自金星》这本书以来，十年之间，我一直在问这个问题："饮食和健身对男人和女人的影响有什么不同？"大多数时候，我所访问的专家都没有现成的答案。我进一步提出了更多的问题，咨询了更多的专家，考察了数以千计的研究论文，并从事了多年的亲身实验，各种各样的因素终于开始慢慢聚合在一起。

这个新的研究项目是建立在现代医疗研究成果和古代知识的有机结合基础之上的。在某种程度上，对于这个问题你比大部分研究者都知道得更多。专家只研究一个专门的领域，他们有自己特定的研究项目并只专注于完成这个项目；他们只聚焦于自己特定的领域，通常完全不了解其他领域所发生的事。本书所包含的革命性信息正是我在三十多年间分别从五个不同领域的专家那里点点滴滴收集起来的，这五个领域分别是：大脑化学、饮食、锻炼、情感关系和压力管理。

很多临床医师、咨询师和指导师都是日常压力管理方面的专家，但是他们却不是瘦身、健康或饮食方面的专家。他们没有意识到营养会影响到我们的精神健康，精神健康又会反过来影响到体重的变化。很多指导师的指导计划都只是在教人们放松的技巧和冥想的方法，对于锻炼和饮食如何影响到我们的心理状态以及怎样处理压力却不甚了了。

> 太多时候，人们成功地放弃一种上瘾行为，但却以另一种上瘾行为取而代之。

很多时候，人们去参加一个名为"十二步骤"的计划，并成功地放弃酒瘾、毒瘾或关系瘾（relationship addiction），代之以咖啡瘾、烟瘾或糖瘾。尽管放弃原来的嗜好是迈出了积极的一步，但只要还有任何上瘾行为，他们仍会继续承受压力和忧虑的折磨，直到他们能获得均衡的大脑化学物质为止。如果我们不能通过适当的运动和均衡的饮食使得大脑化学物质保持均衡，情感治疗和康复过程就永远不会结束。任何上瘾行为都是大脑化学物质缺乏均衡的表现。

在很多相互矛盾的饮食类畅销书中，关于饮食的流行研究得到了最好的体现。尽管很多饮食专家可以实施有效的瘦身计划，但他们通常并不能将这些计划和大脑化学物质、沟通技巧以及两性情感对我们饮食习惯的影响联系起来。因此，他们的建议很多都只能起到临时性的作用。然而，如果人们的饮食计划不能创造均衡的大脑化学物质，或者沟通方式不能激发某些荷尔蒙，那么，保持健康的饮食结构就几乎是不可能的。

尽管健身专家作出了很大的贡献，但他们中的很多人还是没有意识到不同类型的运动对大脑化学物质产生的不同影响。有些私人教练就给客户施加了太大的压力，最后逼得客户半途而废，放弃锻炼，并最终失去了这些客户。

> 当前流行的饮食计划很少论及如何激发正确的大脑化学物质，以达到最适宜的健康和体重管理。

我这里要告诉你的是一整套非常简易的知识和观点，不但容易理解，而且对于任何生活方式的人来说，适应起来都不费吹灰之力。通过我们的计划，你将会受益于以下方面的最新研究成果：

1. 饮食、营养和体重控制。

2. 进行基本体育锻炼，刺激淋巴系统、内分泌系统、脑脊液和大脑系统。

3. 保障精神健康和幸福的大脑化学物质。

4. 影响荷尔蒙平衡和大脑化学物质平衡的沟通和恋爱问题。

5. 为更长寿、健康、幸福的人生而进行的压力和情绪控制。

在过去三十年里，我一直在从事以上领域的研究，最近十年的重点则是在健康和营养领域，正是这些研究让我写出了《男人来自火星，女人来自金星4》这本书。其间，我花了三十年的时间，与数以千计的客户一道，对大量的观点和方法进行了测试和发展，直到2002年，我对建立正确的大脑平衡所需补充的活性氨基酸有了一定的了解，整个图景才开始变得清晰起来。有了这一块最新发现的拼图碎片，所有其他得到公认的治疗技术的效果便开始以几何数级爆发出来。

数以百万计的人因我的书、磁带和讲座而受益。有了均衡的大脑化学物质，这些惠益还会得到增强，并且更容易持久。

这个计划对90%的人有效！

过去的情形通常是，你全身心投入一个漫长而又艰难的饮食锻炼计划，却在几个月或几年之后发现自己不仅更加抑郁，而且还疾病缠身。这本书不会让你这样。本书的观点运用起来既容易，见效又快，大多数时候都能起到立竿见影的作用。

几天之内，你就可以知道这个计划对你来说是否有效。如果在几个星期之内还不见成效，这就说明你的情况并不单纯是由营养缺乏引起的。如果你得了脑震荡、遭遇了车祸、发生了肝中毒或正在服用大量药物，那么你可能会需要更长的时间才能完全享受到这个计划的所有好处。在以上情况下，你还需要其他辅助疗法。这一点我们将在后面论及。

根据我的教学经验，90%的人都能对这个计划马上生效。我知道这听起来好像不是真的，我也知道有人或许会认为事情不可能这么简单，但事实就是如此。每一天我都在亲眼目睹，亲耳所闻它的发生。在大多数人每天都被媒体的消极信息和数据轮番轰炸的时候，我却能收到上百个病人迅速积极转变和痊愈的信息。这就是我为什么会如此乐观的原因。

这个计划运用起来极其简单，几乎每个人一经尝试就会马上受益。已经有数十万人在开始使用这个新计划，并享受到了更多的健康、更大的幸福感和更持久的爱情。很多人（在医生的监护下）已经逐渐放弃了类似百忧解（Prozac）这样的精神活性药物；数以万计体重超标的人在短短数周之内就瘦身成功；在多年共同生活中失去了最初激情的爱侣们现在又体验到了持久爱情之光的复苏。每一天我都会听到健康状况转好、生命活力增加、体重控制成功和睡眠质量提高的故事。

在一周之内，你就可以见到戏剧性的变化。每一天我都会惊讶于这些简单的变化竟会创造出如此积极的裨益。我知道，你们肯定在想："为什么会这么容易？"

为什么会这么容易？

答案很简单。有史以来，我们从来没有拥有过如此多的知识和信息，也从来没有如此混沌和困惑过。我们生活在一个矛盾的时代。每一年都会出版上千本书籍和研究报告，里面充斥着号称会让我们生活得更好的最新信息。我们的生活因这些信息而变得更好或更糟。这本即将改变你人生的书提供的答案正是建立在这些戏剧性变化的基石之上。尽管过去三十年所发生的变化并不仅仅只是一个基石，而是整幢建筑，你需要的每一件东西都可以在这栋建筑中找到。唯一的问题是，我们没有能打开大门的钥匙。

在这本书中，你将会找到进入这座建筑的钥匙。房子已经建造起来，基石也已搭建完成，一切的研究都已完成，你可以获得所有的专业知识和支持。但是，如果没有正确运用这些支持的钥匙，这一切的价值就微乎其微。

诚然，经常咨询医生和从事锻炼会让你更加健康，但是，如果没有本书所提供的信息，人们还是会随着年龄的增长变得越来越体弱多病。

诚然，打一份好工和挣一笔大钱会让你感到快乐，但是，如果没有本书所提供的信息，工作机会只会让大多数人感到疲惫焦虑、压力重重、不知所措。

诚然，找到此生的至爱，通过参加培训班或阅读书籍提高沟通能力会帮助你建立持久的情感关系，但是，对大多数人来说，如果没有本书所提供的信息，爱情最终还是会慢慢消失。

想要获得戏剧性的结果并不难，因为已经有大量的支持，只不过它们都没有被充分利用而已。每一周都有新的医药发明和上市；每一年都有数千本新的自助手册出版；每一个社区都有健身房和瑜伽馆；公众对各种宗教机构的参与也正在复苏。那么，利用所有这些潜能的魔力钥匙到底是什么呢？

秘密在这里

这把魔力钥匙就在你身边的健康食品商店、营养中心和杂货店里面等着你。是的，这把魔力钥匙就是你吃的东西，它们决定了你的健康、快乐和爱情生活。当你把所有的拼图碎片放在一起后，就会发现人人都只缺少了其中的一块。这一块就是营养和锻炼。

一旦发现了营养缺乏这一症状，我开始意识到我所遇见过的、咨询过的或读到过的每一个人都符合这一症状的描述。在我的职业生涯中，我曾经遇见过、咨询过或在会议上与之交谈过的人超过一百万。我说每个人都能从这一信息中获益，确确实实是指每一个人，并不是在夸海口。我不能说每个人都会获得同样的好处，因为每个人的反应都不一样。

> 开启健康、快乐和爱情的魔力钥匙就在你身边的健康食品店和杂货店等着你。

除了营养缺乏之外，有些人还遭遇了脑外伤、先天性缺陷或现代药物的副作用……这些情况可能会限制他们从该计划中获得即时的裨益。

即使是对于10%不能马上获益的人而言，如果他们能坚持执行本书中的基本原则，并伴以其他形式的治疗，还是可能获得不同程度的好处。根据每个人的喜好和个人状况，有很多种有效的治疗模式——传统中医、静脉臭氧疗法（在德国合法，但还没有在美国取得合法权）、静脉补充氨基酸、增生疗法、维生素补充剂、针灸、中草药、香熏疗法、能量疗法、精神疗法、气功、太极、瑜伽、冥想、正面观想和日记疗法，等等。

有了火星人和金星人疗法，那些不能马上见效的重症患者看到了新的希望。如果病人能在以上所提及的每一种治疗手法之外再补充上火星人和金星人的健康法则，那么以上这些治疗手法将得到极大的丰富。

你可以看出，我非常乐意与你分享这一信息，因为我知道你也会通过各种方式从中受益。对我来说，探索这五大各不相同的专业领域是一个激动人心的旅程，对你来说也必将同样如此。

男人来自火星 ♂4
女人来自金星

The Mars and Venus Diet and Exercise Solution

♛

第2章
秘密食谱的发现之旅

十年前一跨入四十岁，我就开始意识到，健康不再是一件理所当然的事。在这之前，健康和体重控制并不是我最关心的问题，但我把自己照顾得也还算不错。然而，在一次小小的滑雪事故之后，我发现，一到四十岁，身体就不会像从前那样很快恢复原状。一切努力都不见成效，一直要到半年以后，我才能完完全全轻松悠闲地交叉起双腿。

年届不惑以后，健康不再是一件自然而然的事。

这是一记响亮的警钟：如果不积极地加以改善，我的身体状况就会一直这样走下坡路。这一点与我所洞察到的恋爱和情感关系的真谛类似。在两人关系的最初三年，可以自然而然地产生恋爱荷尔蒙。在这之后，如果你不善于沟通，不花时间去制造浪漫，激情就会开始消退。不要寄希望于浪漫会像刚开始那样自然产生。你可以主动创造浪漫，而浪漫不会主动来找你。

我们的健康、生命力和适应性也一样。在生命的前四十年，健康基本上是天赐的。但是，在这之后，如果不积极地改善健康，你的生命力就会减退，衰老进程就会开始启动。

我听取了这一警钟。在这十年间，我探索了各种各样的自我护理形式。我重新捡起了瑜伽和冥想。在二十来岁的时候，我曾经努力练习和教授过这两种健身技巧。当时的目的是为了开发精神和思想潜能，现在则是为了保持身体结实和健康。

> 在生命的前四十年，健康基本上是天赐的。但是，在这之后，如果不积极地改善健康，你的生命力就会减退，衰老进程就会开始启动。

和很多同龄人一样，我开始阅读和学习所有饮食、健康和锻炼类的畅销书。我尝试了很多方法，它们都有一定的作用，至少在短期内是这样。可既便具备了越来越多的专业知识，我还是会在严格控制饮食好几个月之后，以摇摆到另一个极端宣告失败。我会减掉一点体重，然后又很快反弹回来。总是感觉有什么地方不太对劲儿。

我也通过各种各样的方式寻找答案，可就是不能持之以恒。我会有规律地锻炼一段时间，感觉很不错，然后就停了下来；我会在和人谈话的时候活力四射，回到家却筋疲力尽；我会突发浪漫情怀，第二天却心不在焉。

> 数以百万计的人错误地把承受未老先衰看作理所当然的事情。

更糟糕的是，我认为这种忽上忽下、忽左忽右完全是一种正常状态，并没有意识到这里面有问题。由于这些状况很普遍，而我的生活基本上还算快乐、健康和成功，于是我压根儿就没有认识到——我的生活原来还可以过得更轻松。体重轻微增加、肌肉略有紧张、精力稍显不济、关节少许疼痛、记忆偶尔失灵——这些都是衰老的一部分。而我却把这些征兆看得理所当然，因为我不知道我失去了什么！

这种糊涂和被动在我们的社会中比比皆是。数以百万计的人把未老先衰和长期用药看作了日常生活的一部分。药物应该是应急所需，而不是生活方式。这是个可以得到解决的问题，但首先你必须要意识到这是个问题。

我的墨西哥之行

三十多年以来，我一直在练习和教授瑜伽、冥想、心理学、健康饮食以及其他心理和生理自助方法。即便如此，我仍然没有找到持久健康、幸福和爱情之路。当然，我在这些领域做得还是相当成功，但是，这些成功与我现在所体验到的成功根本无法相提并论。

通过对创造健康大脑化学物质的力量的了解，我发现了火星人和金星人的健康法则。我知道有关大脑化学的知识可以用于治疗精神疾病，但是压根儿没有意识到均衡的大脑化学可以影响到所有人的生活。这一重要的发现之旅开始于墨西哥的提哇纳，我曾在那里的一家医疗诊所进行过为期一周的治疗。

一位好朋友向我推荐了威廉·希特医生（Dr. William Hitt），他时年七十六岁，是一位了不起的美国医学博士和研究员，曾获得过诺贝尔奖。希特医生在治疗过敏和哮喘方面拥有出色的才华，他只需要一个星期的时间就能让病人的症状消失，数星期之后就可以完全根治！这对我来说非常有吸引力。一直以来，我都受到花粉热的困扰，并且对猫、粉尘和霉菌过敏。通过"完美的饮食控制"和自我治疗练习，我已经学会了治疗这些过敏症的方法，并可以基本杜绝过敏症状的出现。为了防止过敏，我不得不一直坚持完美的饮食计划：坚决杜绝奶制品、糖、面包、加工食品和氢化脂肪。这个饮食计划严格到了极致。

完全根治过敏和享用各种美味对我太有吸引力了，于是我抱着试一试的态度去了墨西哥。

> 绝对无奶、无糖、无面包、无加工食品、无氢化脂肪的完美饮食计划了无生趣，对健康也毫无裨益。

避免过敏症的折磨是促使我执行这个完美饮食计划的最主要动力。这样做还有一个好处，就是总是可以保持体重。但是随着过敏季节一过，我就会松懈下来，把完美的饮食计划抛在了九霄云外。

很多人都是这样。某些不健康的状况促使他们采取健康的饮食计划，而一旦他们觉得好一点或减掉了多余的体重，他们又会放松警惕，重新享用那些美味但却不太健康的饮食。

在拜访这个诊所的五天时间里，我接受了抗过敏治疗，并取得了惊人的效果。在这里，我还研究了希特医生正在研究的其他新式治疗方法。受益于他长达半个世纪的研究，我了解到了使用臭氧疗法清除病毒和用静脉补充氨基酸平衡大脑化学物质的方法。

> 生平第一次，这些染上毒瘾的病人，他们的大脑开始分泌出健康的化学物质。

在希特医生诊所的每一天，我到处都可以看到通过静脉补充氨基酸消除上瘾症状的患者，他们都没有出现戒瘾反应。患者来的时候可能还沉迷于海洛因或可卡因，九天以后，他们就可以完全戒掉毒瘾，轻松离开。

我在接受过敏治疗期间，就遇到了好几个这样的病人。很多人有生以来第一次体验到正常人的幸福。在他们与人分享自己的幸福感受时，会忍不住热泪盈眶。有生以来第一次，这些病人的大脑开始分泌出健康的化学物质。所有不健康的欲望似乎都烟消云散了。我不知道是不是所有的病人最后都能远离毒品，但至少在短期之内，治疗显然是成功的。

我所看到的这一切都太神奇了。虽然我没有任何上瘾病症，但是我仍忍不住想知道，这种疗法能为我做些什么？

希特医生向我解释了臭氧疗法和静脉补充氨基酸的基本理念。尽管我的身体很健康，但是与年轻时候相比，我的病毒负荷量仍然高出许多。我们每个人体内都有病毒，但是免疫系统保护了我们不受病毒的侵害。随着年龄的增长，病毒会越来越强大，免疫系统则越来越虚弱。臭氧疗法可以为血管提供更多的氧气，这些额外的臭氧可以杀死数以百万计的有害病毒，增强免疫系统，延缓衰老进程。过去，很多电影明星会到墨西哥或德国去接受这种昂贵的治疗，以留住他们年轻的容颜和生命的活力。现在，随着技术的进步，这一治疗方法不再像以前那么昂贵了。

希特先生还指出，尽管大多数人都没有抑郁或上瘾这样极端严重的精神疾病，但他们同样忍受着一定程度的折磨。通过静脉补充氨基酸，他们的大脑可以增加分泌健康的化学物质，并开始迅速从中获益。

我决定两种治疗方法都试一试。我事先并不知道这两种疗法会对我产生多大的影响。经过毒素排除后的几天低潮期，我的感觉开始变得非常好。

回家以后，我觉得非常愉悦。我的过敏症状完全消失，感觉棒极了。任务完成了。尽管我自己觉得精力充沛，感觉良好，但是并没有觉得自己和以前有多大的不一样。我还是我。我之所以要这么说，是因为我妻子对于所发生的一切完全难以置信，她说我就像完全变了一个人似的……变得和她二十三年前所爱的那个人一模一样。

我并没有刻意去做什么，就变成了一个更优秀更体贴的丈夫。这一变化如此自然而然，我自己压根儿就没有注意到。在我自己看来，在我的婚姻中，我已经做了所有该做的事。我爱我的妻子，我们的关系非常融洽。由于我的工作与情感关系有关，所以我知道两个人的关系中需要什么，而且在大部分时候，我都做得非常成功。

在回家后几个星期，妻子指出了我的变化。她发现，大多数时候我都更加温柔，对她也更体贴。电视看得少了，而且还会主动打扫卫生，每天都帮她洗碗。我会整理自己的衣橱，洗自己的车，还会经常主动为她提供帮助。我更有耐心，不会轻易感到沮丧，而且似乎对她的话题打心眼儿里感兴趣。经她这么一说，我也意识到了这些变化。

> 我并没有刻意尝试，就自然而然地变成了一个更加优秀、更加体贴的丈夫。

真了不起！我压根儿就没有刻意去做这一切。我甚至没有意识到我在做这些事情。在我自己看来，我一直都在做这些积极的事情，最大的不同是频率。现在我是不停地做。

选择性记忆

男人总是选择性记忆。我们记得自己做过的所有好事，但是对自己忘记或拒绝做的事情却一概不记得了。至少我本人绝对是这样。我觉得自己是一直都在做这些事情。当然，我有些时候会做，尤其是在我妻子要求的时候。但是现在，自从我从诊所回来后，大多数时候我都是主动在做这些，根本不用妻子命令或提醒。

我注意到，自从回来以后，我妻子开心了很多。但我并没有意识到自己做的比以前多得多。这究竟是怎么回事？

这是因为我的大脑开始分泌了健康的化学物质。通过给我的大脑供给氨基酸，我就能自动地去做过去需要毅力才会去做的事情。

完全是巧合，我窥见了一个大秘密，它不仅让我愉快，而且还会激励我更多地给予和接受爱。

洞察和精力

一直以来我都清楚地知道，在两性的情感关系中我应该做些什么，但是现在，我拥有了丰富的精力，可以将这些洞察付诸实践。当你的精力水平低下的时候，即使你有正确的洞察，要将其学以致用也并不是件轻而易举的事。由于精力不济，你总是会时不时停下来歇一口气。有了对火星人、金星人关系真谛的洞察，再用永不懈怠的活力将这一洞察转化成行动，生活就会彻底焕然一新。

> 在精力不济的时候，维持浪漫的情感关系只会让人力不从心。

很多事情开始进入我的视线，很多新的答案涌进我的脑海。女人总是在问：为什么男人在最初阶段会兴致盎然，激情四射，但是后来激情却一点点退去。尽管很多答案听上去都不无道理，但是最后的结果都指向了大脑化学物质。

要让激情持久，关系就要不断成长和变化。一首歌总是第一次听的时候更令人兴奋，一旦反反复复听过若干遍以后，这首歌也就没有多大意思了。即使你衷心热爱一部电影，看上五遍以后也难免会厌倦。这当然也可以用来解释为什么激情会消退。然而，真的是这样吗？

事实上人并不是唱片或电影，人一直都在变化和成长。对大部分人来说，随着时间推移而产生的常规变化并不足以激发和永葆激情。家居生活的一成不变导致了情感关系的单调乏味和无精打采。而我的发现则是：只要大脑的化学物质被激发出来，单调感也就随之而去，最初所体会到的活力或激情也会再度迸发。最初那种自发的激情又会回到我们身上，这并不是因为我们的伴侣另有其人或焕然一新，而是因为我们自己的脑部化学物质有所不同。

神奇的大脑化学物质

大约一个月以后，治疗的效果开始减退，我又开始打起盹来。我的妻子也注意到：臭氧疗法和静脉补充氨基酸疗法的效果正在消退。她建议我们看一看时间表，再安排一次墨西哥之旅。与此同时，我开始着手研究如何通过食补来刺激大脑化学物质的分泌。

我开始研究各种各样能产生基本氨基酸的保健产品。我还试图寻找能净化身体和血液的简单方法。我可不想每隔几个月就上医院去接受一次治疗。

经过研究，专门用于帮助注意力缺陷或多动症儿童的产品浮出了水面。这确实是在情理之中，因为大量的研究显示，各种各样的氨基酸补充疗法可用于帮助注意力缺陷或多动症儿童。无论是儿童还是成年人，只要使用了这些疗法，以上症状就会逐渐消失。这种产品可以用于替代利他林等处方药。

> 补充氨基酸可以让儿童和成人不必服用治疗注意力缺乏和多动症的利他林等处方药。

在研究中，我发现了一种自然的方法，可以不必接受一个星期的静脉氨基酸注射和臭氧疗法就可以为我的大脑增加氨基酸，净化我的身体。我发现了一种营养产品，对我具有类似的疗效。这是一种具有超强营养的替代早餐粉，可以用来冲水喝，每天只要喝上一口，我就感觉到大脑开始苏醒过来。

这个富含氨基酸的替代早餐粉能让我产生和拜访希特医生相同的效果。问题比较严重或需要长期用药的人可能会需要医疗协助，但是这样的早餐对我来说已经足以满足我的需要了。

当我把这份早餐与病人和朋友分享时，他们也都享受到不同程度的好处。

有人可能需要更长的时间才能感觉到这份早餐的效果。毕竟，我曾经在墨西哥接受过治疗。即使是那次治疗也花了好几天的时间。希特医生的治疗方法和我的早餐之间的区别就在于传输系统。当我们饮用氨基酸的时候，是先在胃里消化，然后才经过肝脏的过滤。如果消化能力不强或肝脏毒性较重的话，氨基酸就不会全部转化成为大脑化学物质。静脉补充氨基酸则可以回避胃部或肝脏虚弱的问题。

如果一个人不能完全享受到口服氨基酸补充剂的好处，一般来说都是因为氨基酸没有到达大脑。这就是为什么我会有另一个目标：找到净化身体和肝脏的有效方法。并不是每个人都可以通过去墨西哥接受臭氧疗法来清理身上的毒素。我所使用的方法还包括一种清理肝脏的有效方法，可以让肝脏更加有效地处理氨基酸，将其转化为所需要的神经递质。

> 如果你通过补充酶来强化消化功能，饮用矿泉水和芦荟来清理肝脏，那么你的身体就能更有效地消化蛋白质和脂肪，这样你的肝脏就可以把氨基酸转化为健康的大脑化学物质。

消化不良或肝脏毒素阻止了大脑化学物质的产生。希特医生的静脉注射疗法之所以效果如此神奇，就是因为它不依赖胃来消化蛋白质，也不用肝脏去处理氨基酸。通过静脉注射疗法，氨基酸可以不必经过胃和肝脏，直接到达大脑，产生神经递质。如果你通过补充酶来强化消化功能，饮用矿泉水和芦荟来清理肝脏，那么你的身体就能更有效地消化蛋白质和脂肪，这样你的肝脏就可以把氨基酸转化为健康的大脑化学物质。

减轻体重还是丰富情感？

我曾经尝试过一种名叫爱身健丽（Isagenix）的氨基酸鸡尾酒净化计划。这套计划被当作一种快速见效的体重控制方法而大力宣传和推广（参见www.roadtohealth. Isagenix.com，或拨打客服电话1－877－877－8111）。尽管我想找的是一种自然的方法，用食补创造健康的大脑化学物质，而不是减轻体重，我还是尝试了这种产品。让我欣慰的是，这种产品很有效。几天以后，补充氨基酸的好处又回来了，作为一种额外效果，我的体重也有所减轻。

> 和氨基酸疗法可以消除瘾君子对毒品的渴望一样，大脑化学物质也可以消除饥饿的人对不健康饮食的渴望。

我尝试了他们的快速瘦身计划，九天之内就减了9磅。几个星期以后，我又减了6磅，恢复到了我的理想体重。尽管瘦身并不是我开始尝试这套计划的目的，但这个额外效果的确不错。现在，我在夫妻关系中显得更有活力，而且我看上去棒极了。

在这里，想要瘦身非常容易，因为氨基酸补充法消除了对多余食物的所有渴望。正确的大脑化学物质给了我们闲适的心情和无尽的活力。有了大脑的这一支持，我们就不会暴饮暴食去寻求更多的精力或安慰。和氨基酸疗法可以消除瘾君子对毒品的渴望一样，大脑化学物质也可以消除饥饿的人对不健康饮食的渴望。不再渴求暴饮暴食，也不再渴求垃圾食品，这种感觉真是让人身心轻快。

垃圾食品和上瘾

狂热钟爱垃圾食品是另一种形式的上瘾。垃圾食品能迅速给予我们精力和安慰，但是其效果只是暂时性的，大脑化学物质的分泌很快减慢，然后我们又会感觉饥饿，希望摄入更多的垃圾食品。正餐营养不足，大脑荷尔蒙分泌就会很快下降，我们就会想要吃更多的垃圾食品。在我们的大脑化学物质减少的时候，手头的甜饼永远也不会嫌多。

> 在我们的大脑化学物质减少的时候，手头的甜饼永远也不会嫌多。

除了快速瘦身之外，数千名尝试过爱身健丽的人都表示他们不再渴望暴饮暴食，同时情绪更稳定，精力更充沛，睡眠也更好。这些都是大脑化学物质均衡的体现。至此，我决定停止测试其他产品，专注于发掘是什么能让这一产品有如此好的效果。

反向工程

在这个充满发明和创新的世界，成功的秘诀就是从事反向工程。找到一款效果不错的产品，把它一一分解，找出让其产生效果的原因，然后再看看你能否对其加以改进。通过对所有成分进行考察，我意识到只要有了正确的洞察，任何人都可以到附近的保健品店收集到他需要的食品配料。此外，我觉得如果能将这一产品整合到一个能满足男人和女人独特需求的计划之中，将会产生更大的效果。

在第8章，我将会提供一份补充食品的清单，这些食品在大多数的保健食品店或营养中心都有出售。只要把这些成分整合到你每天的早餐中，你就可以得到立竿见影的效果。在看这本书的过程中，任何时候你打算开始这一计划，我建议你直接翻到第8章，马上开始尝试。你随时可以回来，重新阅读第2~7章。

为了找出这一产品为何如此有效，我决定直奔源头。我飞到凤凰城，拜会了研制出爱身健丽的约翰·安德森。在过去23年间，他一共研制了250多个品牌、价值十亿美元以上的保健产品。由于不满很多保健产品的低劣质量，已经退休的他又重出江湖，决定生产出质量最好的保健产品。他将不同品牌中产生奇效的各种保健元素组合在一起，研制出了爱身健丽这个产品。

> 最优秀的教练都知道，营养补充对运动员的高峰表现至关重要。

约翰·安德森不仅为数以百计的公开品牌生产保健产品，同时也为很多著名田径运动员、拳击选手和很多大橄榄球队研制保健品。最优秀的教练都知道，营养补充对运动员的高峰表现至关重要。

他将不同成功计划中的成分集合在一起，研制出了爱身健丽加速瘦身计划。

约翰·安德森坦诚地与我分享了他的秘密。他向我展示了所有不同的配料成分。他解释说，他曾经为各种各样的生产线制造过产品，这些产品总是对某些人而不是所有人有效。任何计划，只要能满足你的特定需要，效果就会有所增加。如果我缺乏某些维生素而你不缺乏，那么补充这些维生素的计划对我就更有效。同理，不同的计划可能会对某些人起作用，对另外的有不同需要的人则不太起作用。每一个计划都有自己的重点，以下是对安德森计划的一个简单总结：

1. 增加能量、稳定情绪、改善精神状态的氨基酸补充法。

2. 帮助净化身体和自我修复的全套维他命补充法和（或）草药疗法。

3. 补充酶和微量元素，强化消化功能，增加生命活力。

4. 鸡尾酒替代早餐，特别均衡搭配的蛋白质、脂肪、糖酶，提供健康的体重控制和高峰表现。

尽管约翰·安德森的主攻重点是提供健康的体重控制之道，他还是研制了一套增进健康的综合计划，包括如何促进健康大脑化学物质的产生。

要创造能带来健康、快乐和持久爱情的大脑化学物质，我本人所采用的并且也强烈推荐的方法是将爱身健丽的产品作为火星人和金星人健康法则的一部分。然而，你也可以到附近的保健品店去，选择不同的配料，自己将它们组合在一起，同样也可以获得类似的效果。即使你选择使用爱身健丽的产品作为营养品，你还是需要到保健品店走一趟，购买一些额外的配料。

活在区域之中

一旦开始阅读本书，你的大脑就会开始产生一种令你感觉良好的化学物质。完成这一转变之后，你就会有能力正确地感受你的身体。要想知道什么食品会让你的大脑失去均衡，首先需要体会均衡是一种什么样的感受。一旦了解到这一点，你就会知道是什么样的食物导致你失衡。

当你的大脑化学物质处于均衡状态时，你就会进入充盈着持续活力和安宁的区域。

在阅读本书的时候，你将会体验到一种充盈着持续活力和安宁的身心状态。这种状态就是巴里·西斯在《区域饮食》（Enter the Zone）一书中所描绘的一种广为人知的状态。他把这种区域称为一种令你感觉事事遂心的高峰状态，在这种状态中"你的身体和心灵以绝对的完美彼此合作无间。"只要在早餐中摄入正确的营养，你就可以很快地开始活在这一区域之中。

在二十多岁的时候，我可以通过练习瑜伽和冥想进入这一区域。但是一旦用过餐，这种感觉就很快消失。我并没有意识到正是饮食让我脱离了这一区域。我只是以为需要做更多的冥想练习，以保持这种积极的状态。我花了很多年的时间完善这一状态，以让其能持之以恒。在当时我完全不知道只要在我的饮食里面增加一点氨基酸和其他营养物质，我就可以保持这种状态。当然，我所做的瑜伽练习有着其他的好处，但它原本还可以更加轻松，也更加有趣。

在三十多岁的时候，我致力于学习在婚姻中创造爱和持久的浪漫感情。当浪漫荷尔蒙被激发起来的时候，我就身处这一区域之中，但是一旦沟通出现问题，我就再度从这一区域滑出。当时我还是不知道是我的饮食让我无法保持浪漫情怀和恋爱感受。

在四十多岁的时候，我会通过工作进入这一状态。我所需要做的就是在电视或广播上或站在一群观众面前演讲，然后就会到达高峰状态。在这一时期，我写了12本书。每次只要坐下来写一本书，我就会进入这一区域，并进入高速写作状态。当然，整理出一本书的观点需要很多年的时间，但是只要这些观点到了位，实际的写作就只需要几个月时间而已。当时我正好处在创造力的巅峰时期。

然而，在一场令人极度兴奋的讲座、媒体见面会或一天的写作之后，我的精力和情绪总会短暂地陷入低潮。和所有多巴胺水平降低的男人一样，在面临工作挑战的时候，我会高速运转，精力迅速上升。由于我的饮食中并没有均衡和强化的基本营养物质，我总是身心交瘁，精疲力竭。

现在，我五十多岁了，随时都保持着均衡的大脑化学物质，效果真是与众不同。有了均衡的饮食，我再也不会在激情四溢的工作告一段落后或与妻子的温存时光结束后感到身心俱疲。从祷告、冥想和锻炼中获得的良好情绪也可以稳定持续。当然，我还是坚持定期练习，以保证头脑、身体和心灵都处于最佳状态，但是如果没有均衡的饮食和锻炼计划，我还是会失去这种高度激情。

> 良好的饮食和锻炼可以让好情绪持久稳定。

我总是处于高峰状态——直到我跌下高峰为止。偶尔我也会吃错食物或忘记吃饭，于是就失去了高峰状态。幸运的是，只要我调整了饮食平衡，三个小时以后，我就会很容易恢复到高峰状态，把充沛的精力投入到工作、妻子、孩子和生活上面。

压力过大和睡眠不足同样也会打破这一状态。我常常会精力过盛，很容易就忘了睡觉，但是最终却总会付出沉重的代价。早睡早起非常重要，尤其是在执行这一计划的初期。

研究显示，在日出后两个小时大脑能产生最多的血清素。这对于女性尤其重要，因为女性的血清素水平总是很低。对男性而言，早点上床睡觉也至关重要。午夜前两个小时正是大脑制造大量多巴胺以满足次日所需的时候。

大脑一直都在生产这些物质，但是以上两个时段是最重要的，在任何时候都需要遵守。当然我不会把自己限定得这么死，但这是我的理想时间表。只要在你的睡眠银行里有充足的多巴胺作为后盾，你就可以偶尔晚睡那么一两回。

我们珍视的大多数习惯都是建立在有限的脑部能量基础上。一旦你的大脑化学物质达到了平衡，你就可以去尝试一些新的时间表和新的饮食习惯。如果你以前所采用的计划对你没有效果，就说明这种计划不能平衡你的大脑化学物质。这并不代表你的意志力薄弱，而是计划本身并不适用于你。

幸运的是，在生活中学习运用新东西和好东西永远也不会太晚。我们天生就应该生活在区域之中。有了健康的身体作为坚实的基础，我们就可以轻松地维持人们终其一生都在追求的理想心理和情感状态。

在任何年龄段，只要能够每天早上坚持摄入正确均衡的营养，你就可以保证这一整天的状态都会稳定持久。激励我们的是精神，指引我们的是头脑，回应我们的是心灵，但是支撑我们的却是身体。身体是基石，它为我们提供了坚实的基础，只有在这个基础上，我们才能作出我们所希望的头脑、心灵和精神上的积极改变。

一旦你开始在任何时候都觉得生气勃勃、精力充沛，那么最适合你的食物、数量和组合也就显而易见了。你将不必依赖书本和节食计划，而是依赖你自己的大脑和身体。你是怎么知道的呢？凭感觉就知道了！

一旦一顿饭让你的身体处于平衡，你的精力就会变得很充沛，直到下一顿饭为止。这种均衡状态最典型的就是：无尽的精力、无条件的快乐和无限的爱。一旦你生活在这样的状态下，不但挑选食物会变得容易许多，就连你的情感关系也会更加得心应手。

无尽的精力意味着任何时间都能有充沛的精力，不会中途打盹，任何时候都能受到激励。早晨起床变得很容易，而且你也会想要锻炼身体。对男人而言，妻子让你去倒垃圾或起身帮个忙不再成为问题。当她唠唠叨叨，让你不爱听的时候，你不会反感，而是想："我可以做。"

有了无尽的精力，你就能够倾听。倾听时表现出的是耐心和兴趣。当一个男人精力下降的时候，他就会对女人直奔主题，只求草草了事。专注于结果会让男人产生精力。如果男人精力充沛的话，他就不会如此匆忙完事或只求结果不问过程。

无条件的快乐意味着你会不为任何原因而微笑，或仅仅因为活着而微笑。当然，人生总是会有起起落落，但是总体上来说你是快乐的。这种快乐不是抽象的概念，而是可以感知的情感。这种情感在你生活中充盈着热情、兴奋、欢乐和愉悦。简单地说就是：即便是琐细小事也会让你快乐，纵然是重大难题也不会将你击倒。在面临困难和挑战的时候，在你心烦意乱的时候，你能够迅速恢复，回到感恩的温暖情怀之中。在生活中所有美好事物这个更大的背景之下，你将不再为消极的情绪所主宰。

无条件的快乐并不意味着你的快乐不仰赖于任何环境。无论环境是好是坏，你都会有观照全局的能力。你不会陷入沮丧消沉的情绪，只看到生活中的消极点，忘掉所有的积极点。不管什么时候，只要一个人觉得不快乐或沮丧，那就意味着他暂时忘却了自己周围的闪光之点。

　　所有不平衡的心理状态——担心、憎恨、焦虑、消沉——都是由于只看到生活的消极面，没有看到生活的积极面引起的。这些不均衡状态现在都可以通过大脑单光子断层扫描（SPECT）影像测量出来，这种影像可以让我们看到大脑不均衡活动的图景，可以看出大脑的不同部分变得过分或不够活跃。有了均衡的大脑化学物质，你就可以看到整个画卷，而不会只看到负面的因素。

　　体验无条件的快乐就像是躺在温暖的浴缸里，享受温水在四周荡漾的愉悦。总会有事情让你的喜悦忽起忽落，但是你依然可以保持最基本的特质——这就是你的快乐。浴缸里的水静止不动的时候，你可能会忘记它是温暖的，但是一旦水开始拂动，你又会再次感受到它的温度。同样，你也可能会忘记自己的快乐，但是一旦你开始做愉快的事，就会再次感受到快乐的浪潮夹裹着感恩充盈心中。

　　一旦开始拥有无限的爱，你就会发现，即使人与人之间出现分歧、紧张和冲突，你仍然能看到耐心、友善和理解，以此消除误会，与你所选择的人保持爱的联系。你能够看到好的一面，能够保持积极的态度，敞开心扉，分享你的思想。

　　即便是在商业环境中，这一点也同样重要。我做我爱做的事，即便其他人并不总是能够欣赏我，但是我能够调整自己，再次分享我的看法，做我所喜欢做的事。

　　压抑自己的爱，最难受的是你自己。归根结底，我们生活中最大的痛苦都和压抑我们心中与生俱来的爱有关。通过学习平衡大脑化学物质，学习生活在无尽的爱这一区域，你不仅可以享受到健康和幸福，还可以享受到长达一生的爱。

浪漫爱情和大脑化学

无论任何时候，一旦开始浪漫的亲密接触，大多数男人都可以体会到均衡大脑化学物质的滋味。对男人而言，浪漫情绪能促进大脑化学物质的均衡。但是，如果他的饮食和健身计划不能支持这一状态，他就会从高峰跌落，在需要得到满足之后沉沉睡去。这并不是他的错，也不代表他不在乎她，只是因为他的饮食支撑不起持久的激情和活力。

当女人处于幸福的浪漫爱情之中时，她也能体验到均衡的大脑化学物质。这正是为什么女性杂志会如此关注制造浪漫情调的原因，或者更重要的是，如何在外表、谈吐和穿着上激发和挑逗男性对她产生浪漫情绪。男人的浪漫渴望让她愉悦，可以给予她无尽的幸福感，至少在两人的关系之初是这样。当他失去状态，她也会同样如此。这种依赖性对于两性关系来说并不健康。

有了均衡的饮食和健身计划，女人就能保持高峰体验，也就不会对伴侣的情绪这么敏感。她既可以在他表示出浪漫感情的时候报以欣赏和享受，又不会在他封闭自己的时候要求太多或感到不愉快。她可以有其他很多活动，足以激发自己的正面情绪，并不只是需要通过他才能拥有良好的感觉和爱意。原本要靠他才能得到成就感的依赖性也消失了，潜在的紧张得到缓解，沟通变得容易了许多。

对火星人和金星人来说，有了能帮助你保持高度活力的健康计划，你的情感关系就不再是只是例行功课。

我们到哪里去吃饭？

说到食物这个话题，让我们来看一个简单的例子，看看火星人和金星人是如何互相误解的。在这个场景中，他下班回家，她则更直接，对他说："今天晚上我们出去吃饭吧。"

他回答说："好啊，你想去哪儿？"

她用一种很愉快的口吻说："嗯……，我不知道。"

他很乐意做决定，于是说："好的，那我们就去笛安吉罗吃意大利菜。"

她想了想，然后说："我不想去那里，我不太想吃意大利菜，我们昨天才吃了通心粉。"

他说："好吧，那我们去金利楼吃中餐。我们一直喜欢去那儿的。"

她很高兴和他讨论餐馆和饮食，于是愉快地说："不，今天晚上我想吃点不一样的。"

他开始有点不耐烦："那我们就去卢森达吃墨西哥饼。"

她毫无察觉，继续发表意见："不，我们星期一才吃过墨西哥菜。"

这一次他有点恼火了："好了，我无所谓，你决定吧，快点出发吧！"

接下来的整个晚上，他们的关系都很紧张。她觉得他不关心自己，他却觉得无论自己做什么都不能讨她的欢心。他觉得自己不受重视，于是压制了自己的热情和友善情绪。她则觉得他太没有耐心，粗暴、不懂得关心人。其结果就是，她躲到一边，变得冷冷淡淡，若即若离。两个人都封闭了自己的心扉。

随着这种局面持续数月，乃至数年，最后他们可能会对陌生人敞开心胸，但却彼此封闭。他们可能还是彼此相爱，但是却再也找不到爱的感觉。相反，他们开始把对方看得理所当然，相互的距离也越来越远。有的夫妻可能会随遇而安，他们学会了降低期望值，以此相互接纳，而激情和浪漫却不复存在。

有了火星人和金星人的洞察力，男人就可以意识到，对女人来说，谈论到哪儿吃饭本身就是件很愉快很惬意的事。现在我意识到，我的妻子和女儿之所以要在做决定前仔细讨论各种细节，完全出于一种让自己放松和愉悦的金星人的小习惯而已。用科学的术语来说，她们在彼此分享、共同探讨、然后协力找出解决办法的过程中，会产生让自己感到愉悦的荷尔蒙和大脑化学物质。通过帮助自己所爱的女人有效地解决问题和成功地提供支持，男人也可以体验到自己体内和脑部的这种愉悦荷尔蒙。

在上面的例子中，一个明智的、深得火星人和金星人三昧的男人应该表现出耐心和智慧，参与到谈话的过程中去。以下这个例子讲的就是如何参与谈话，激发她脑部和体内的正面荷尔蒙：

她说："我们去哪儿吃饭？"

他建议去意大利餐馆。她回答说："我不知道，我不太想吃意大利菜，我们昨天才吃了通心粉。"

他回答说："就是，我确实喜欢他们的天使细面，但是每天都吃就不好了。那我们就去金利楼吃中国菜，我一直喜欢去那儿吃饭。"

她很乐意和他谈论餐馆，于是说："今天我想吃点不一样的东西，我不想吃豆腐，我想吃别的菜，你说吃什么好呢？"

他发现谈话令她很愉快，于是很和气地说："我们不一定非吃中国菜不可。下星期三和布朗夫妇出去的时候我们可能又要吃中国菜，要不我们从卢卡斯叫个外卖？"

丈夫这么合作，又这么肯支持她，这让她心中充满温馨和感激："今天晚上我不想吃油炸玉米饼，再说了，我不想洗碗，宁愿出去吃。我不想叫外卖。"

他耐心地等到了最后决定的时刻，他观察了一下她的情绪，决定自己做主挑选一家餐馆。于是他说："我有个好主意。我们去另一家墨西哥餐馆吃，你可以点你最喜欢吃的鱼卷。"

这个时候，她已经被他的热情和体谅所融化。她觉得他非常支持她，于是她也乐意支持他。他不仅付出了时间，而且还做到了能刺激女性达到大脑化学平衡的三件事：沟通、配合、协作。于是她回答说："太好了，我们出发吧！"

他也感觉棒极了。通过自己的洞察力，他有效地运用了沟通技巧，由此产生出男性理想的大脑化学物质。男人要感到自己有所成就才会感觉良好。行动、完成和成就同样让他也充满了浪漫的激情。等到回家的时候，面对他的激情暗示，她的回答也是一样的："太好了，我们出发吧！"

知识、饮食和锻炼

我在火星人和金星人系列丛书中探讨过的这些误会总是不断在男人和女人之间上演。这些都是小事，但是抵抗和怨恨情绪可能会随着时间的推移而日益升级。即使有好的饮食和锻炼计划，这些误会也会降低两性关系中的爱和激情。重要的是我们不仅要有能让内心的爱长久的饮食计划，而且还要具备让两性关系良性互动的知识。

我不想给人留下这样一个印象，认为控制饮食就能让两性关系高枕无忧。知识才是最重要的。如果不能对男女之间的不同有所了解，并具备一定的沟通技巧，原本很容易解决的小问题最终会变成我们无法解决的大问题，比如：

"我对你没有感情了。"

"我对你没有欲望了。"

"我不停地在付出，现在已经没有什么可付出的了。"

"不管我做什么，你总是嫌不够！我放弃了。"

即使像这样的大问题，也往往能通过火星人和金星人关系教导法或咨询法以及良好的饮食和锻炼计划得到解决。我做了三十多年的咨询顾问，不断地帮助一些夫妻和个人解决重大的关系问题。有了这些火星人和金星人技巧，数以百计的导师和咨询顾问每天都可以帮助成千上万的人解决类似的问题。

随着时间的推移，有些问题还会再次出现。部分反弹并不是由于缺乏认识，而是由于内心缺乏爱、活力和幸福而引起的。一般来说，反弹更多地与饮食和锻炼有关，而不是和缺乏认识有关。如果你意志消沉，即使你还爱着你的另一半，你也不可能意识到这种爱，更别说受到它的激励。

你可能会发现，如果没有正确的认识和健康的饮食锻炼习惯，也就难以创造持久的爱、激情和浪漫。我了解这一点，因为在我与妻子的关系中，偶尔也需要动用非常强大的意志力才能克服挑战。我付出了很大的努力才能让自己的婚姻畅行无阻，而这些努力都是值得的。

在两性关系建议中有一句老生常谈："浪漫之花，开在辛勤耕耘的土地上。"这句话在我看来完全正确。我对那些愿意辛勤耕耘的人充满敬意。如果像我这样一个情感专家都需要付出辛苦努力才能创造持久的浪漫，可想而知，这对于其他职业和专业领域的人来说会有多么艰难。

回头再想一想，如果这些年我的饮食和健身习惯能为我提供更多支持的话，我也会感到轻松许多。如果你的饮食和健身计划能为你提供积极的态度和充沛的精力，建立和保持情感关系也就会容易得多。

如果你有无限的爱，你就会更容易为自己的错误道歉，也更容易原谅伴侣的错误。即使在你的伴侣对你的付出减少的时候，你也能拥有充足的精力为他（她）付出更多。在你感到快乐的时候，你就能够把误会和龃龉抛诸脑后，而不是紧盯着不放。有了无尽的精力、无条件的快乐和无限的爱，你就可以轻松地把你所学到的情感秘笈付诸实践。

把火星人和金星人的健康法则与最新的健康计划和创新整合在一起，你就可以找到长寿和快乐的秘诀。学会掌握改善大脑化学平衡的简单步骤，你就可以激发潜能，把梦想变为现实。

男人来自火星
女人来自金星

♂ 4

The Mars and Venus Diet and Exercise Solution

第3章
火星人需要多巴胺

多巴胺是一种大脑化学物质，能带来能量和动力。血清素则是另一种大脑化学物质，能帮助我们放松心情，认识到生活中的积极一面。这些重要的大脑化学物质产生于某些特定的氨基酸，而这些氨基酸则存在于我们所摄入的蛋白质中。通过火星人和金星人的健康法则，男人和女人都可以直接改善他们的大脑化学状态，更加惬意地享受自己的情感关系。

　　通过增加女性的血清素分泌和男性的多巴胺分泌，我们能更好地运用学习到的所有沟通技巧，为我们最爱的人提供支持。对于包含在我们所摄入的蛋白质中的氨基酸，男性和女性的处理方法迥然不同。男人的饮食结构中如果缺乏营养，就会导致缺少多巴胺，而女性则会缺少血清素。多巴胺来自火星——大多数男性都缺乏多巴胺。一旦缺乏多巴胺，你就会不由自主地去寻求能刺激多巴胺分泌的行为。比如，男人总是会受到体育运动、动作电影和危险活动的吸引，因为这些活动能刺激多巴胺的分泌。男人的多巴胺水平越低，他就会越发依赖这些能让自己充满活力的行为。愉快和安全的情感关系则能够刺激血清素的分泌。由于男性的血清素含量通常都比较高，所以他们对情感关系也不像女性那样在意。

研究显示，男性大脑合成血清素的速度比女性高52％，贮存量则是女性的两倍。通过实行能制造更多多巴胺的饮食计划，男性可以拥有更大的能量和活力。

男性大脑合成血清素的速度比女性高52％，存储量则是女性的两倍。

血清素来自金星——大多数女性都缺乏血清素。多巴胺太低会给男性带来健康危机，血清素太低则会给女性带来健康危机。低血清素总是与过度奉献、暴饮暴食和意志消沉联系在一起。血清素主要在早晨分泌。只要有健康的晨练和早餐习惯，女性就能每天制造出大量的血清素。

然而，不管是男性还是女性，健康的饮食和锻炼计划本身都并不足以创造能带来健康、幸福和持久爱情的大脑化学平衡。全面的营养和健身计划只能提供创造健康大脑化学物质的潜能。要在两性关系中激发这一潜能，我们还需要更好地沟通。两者相互依赖，缺一不可。

神经递质和大脑损伤

神经递质是大脑细胞沟通所需的荷尔蒙。和汽车一样，为了行使所设计的功能，大脑也需要汽油和水。如果不能分泌出丰富的神经递质，大脑的某些部位就会过度活跃，其他部位则可能刚好相反。如果没有汽油（多巴胺），它就会能量不足。如果没有散热器中的水（血清素），它又会过热或过度活跃。

长期以来，大脑研究专家都知道精神疾病是由脑部失衡造成的。这一个观点得到了现代科技的直接印证。大脑的运动可以被拍摄下来，或是进行实时观察。抑郁、焦虑、愤怒、上瘾和无助等情绪都与大脑不同部位的活动不均衡有直接的联系。医学博士丹尼尔·阿门（Daniel G. Amen）在《改变你的大脑，改变你的人生》（Change your Brian, Change your Life）一书中对这一现象进行了精彩的论述。

有的时候，由意外事故、创伤压力或基因缺陷带来的实质性脑部损伤也会造成类似的失衡。在这类情况下，通过使用精神活性药物刺激脑部血清素和多巴胺的分泌，有时也可以起到恢复大脑平衡的作用。通过制造缺失的神经递质，大脑就可恢复平衡，疾病症状也可随之消失。大脑中有很多重要的神经递质，但在本书中，我们只关注其中最重要的两种：多巴胺和血清素。有的大脑研究专家甚至相信，这两种重要的大脑化学物质对所有其他神经递质的活动都能起到调节作用。医学博士罗纳德·努登（Ronald A. Ruden）在他的《饥渴的大脑》（Craving Brain）一书中对这些神经递质功能进行了详尽的论述。

让我们先来看看多巴胺不足的例子。多动症或注意力缺陷症的常见症状都与脑部的前额叶皮质不活跃及多巴胺不足有关。前额叶皮质位于前额下方，占据了三分之一的大脑，能为我们提供制定目标和计划并对其加以执行的能力。多巴胺不足和前额叶皮质不活跃的儿童容易感到厌倦，喜欢从各种能带来即时响应的新的感观或体验中寻求刺激。他们的注意力很不集中，容易受到其他事情的吸引。

当儿童的多巴胺水平低下时，他们的母亲和老师就会经常抱怨这些儿童不爱听讲，自行其是，不考虑他人的需要。一旦要求他们专注于重要的或概括性的事情时，他们的大脑就会关闭。他们总是寻求短暂的满足、额外的刺激，而且很容易失去兴趣。由于不断需要集中注意力，这些儿童的脑部多巴胺资源被消耗殆尽，表现出厌倦、疲惫、亢奋、冲动和破坏性等症状。

The Mars and Venus Diet and Exercise Solution

> 随着多巴胺的增加，患者开始体验到不同程度的清醒、愉悦、活力和激励。

儿童和成人都可以通过服用利他林等刺激多巴胺分泌的药物，让上述症状得到极大缓解。有了更多的多巴胺，大脑就能开始正常运行，前额叶皮质也变得更加活跃，即使是对脑损伤也同样有效。随着多巴胺的增加，患者开始体验到不同程度的清醒、愉悦、活力和激励。脑部的混沌开始消失，有的时候，患者甚至会忘记那种难以言喻的单调乏味感，突然变得能够回应他人的需要。有了多巴胺的帮助，患者可以突然恢复生活的意义和目标。

第二个例子则和血清素不足有关。抑郁症的常见症状大部分都与血清素水平太低和脑边缘系统过分活跃有关。脑边缘系统位于大脑的中央。这一部分决定着我们的情感基调。当这一部分变得过分活跃，就会产生抑郁和消极情绪。

增加血清素可以有助于舒缓过度活跃的大脑。通过服用百忧解等刺激血清素分泌的药物，抑郁症患者的症状可以得到极大缓解。抑郁症常见的症状是喜怒无常，总是感到无望、无助、无价值、悲观、内疚，或是对过去念念不忘，无法完全投入现实。

抑郁症发生在小女孩身上时，常常会被忽视。因为如果抑郁程度比较轻的话，这些症状就可能会被看做是善于配合或行为"乖巧"。血清素缺乏通常会导致对他人的需要过分响应。这些女孩对别人的需要非常在意，很难主动争取自己想要的东西。我们经常看到，除了成年女性之外，她们的女儿也总是容易六神无主，觉得有很多事情要做，而自己的时间和精力却总是不足。由于每个儿童的性格各不相同，症状也各有差别。

> 随着血清素的增加，患者开始体验到平静、舒适和满足的感觉。

增加血清素可以松弛脑边缘系统，缓解抑郁症状。随着血清素的增加，患者可以体验到平静、舒适和满足的感觉。机械的消极思虑开始消失，有的时候，患者甚至会忘记那种难以言喻的被遗弃感；她不再紧抓着过去的伤痛不放。有了血清素的帮助，患者可以走出过去，投入现实，对未来抱着健康的乐观态度。

没有正确的饮食和锻炼计划，健康的大脑就不能合成足够的神经递质，而且还会出现受损迹象。

现在，数以百万计的儿童都被诊断出患有注意力缺陷和多动症，问题的根源并不是明显的脑损伤或基因缺陷。这些儿童面临着与大多数成人类似的问题：多巴胺和血清素缺乏。这种大脑化学失衡主要是由营养不良引起的。只要能对饮食和锻炼计划加以调整，再辅以生活方式的改变，通过更好的沟通激发多巴胺和血清素的分泌，成千上万的儿童都能够恢复正常的大脑功能。

低多巴胺综合征

随着我们对低多巴胺综合征的探索逐步深入，我们可以越来越清醒地意识到多巴胺缺乏确实是来自火星。女性也可能会遭遇到某些低多巴胺症状，但是这种现象并不普遍，也不太严重。当女性确实表现出了低多巴胺症状时，本书所提供的应对女性低血清素症状的解决之道也会同样适用她们。问题的根源在于营养不足。因此解决之道并不在于她具体缺的是什么。我们的火星人和金星人的解决之道是为她的身体提供燃料和支持，帮助它进行修复和自愈，以制造正确的化学均衡，但是并没有必要具体区分究竟是哪一种类型的失衡。

低多巴胺综合征来自火星。患有注意力缺陷和多动症的儿童都有多巴胺水平低下的症状，而在这数百万的注意力缺陷和多动症患儿中，90%都是男孩！大多数罪犯都表现出极端的低多巴胺综合征症状，而监狱内的罪犯90%都是男性。

> 90%的注意力缺陷和多动症患儿都是男孩！

每五个男孩中就有一个患有多动症。再进一步想想，每诊断出一个多动症男孩，就可能还有两个男孩处于多动症边缘。另外的两名则可能表现出了同样的症状，只不过并不持续发作而已。多动症几乎可以说是一个全国性的流行病。

对成年男性而言同样如此。作为一名情感关系咨询专家，我得以有机会把在男童身上常见的这些症状与我所遇到和咨询过的几乎所有男性的障碍症联系在一起。让我们找出任何一个男人常常激怒女人的行为，将其放大，你就可以得到一系列的低多巴胺综合征的症状。在多巴胺水平较低的时候，这些症状就会被放大。

> 找出任何一个男人常常激怒女人的行为，将其放大，就可以得到一系列的低多巴胺综合征的症状。

综合征是指与某一种特定状况相关的一系列症状。遭遇低多巴胺综合征的人并不一定会出现所有的症状。由于人的性格多种多样，所以低多巴胺综合征在不同的人身上也会有不同的表现形式。

这意味着即使你可能并没有表现出所有的症状，但是你的多巴胺水平依然不足。打个比方：如果你背负着沉重的债务，你的反应极有可能和其他人不一样。有的人可能会向人求助，另外有的人则可能晚上要吃安眠药才能睡觉，还有的人可能会换工作，另外一些人则可能会找人借钱，还有的人则可能会发愤读书、努力加班、变卖财产、削减开支、寻求咨询、参加讲座、阅读自助书籍或是外出云游，以重新评估自己的人生。这些反应都是由同一种状况——负债，或者说"高度债务综合征"引起的各种不同症状。有的人可能有很多种症状，有的人则可能只有几种。

> 由于人的性格多种多样，所以低多巴胺综合征在不同的人身上也会有不同的表现形式。

此外，由于多巴胺缺乏的程度和饮食及锻炼习惯的不同，你的症状的持续状况或强烈程度也或多或少会有所不同。这并不是一个非此即彼的现象。如果你今天吃得好明天吃得不好，那么你的症状也会断断续续，时强时弱。

什么能刺激多巴胺的分泌？

一般说来，任何时候，只要一个男人能有机会提供保护、帮助或影响，就会刺激他的大脑分泌多巴胺。如果他出现低多巴胺综合征，就意味这些提供保护、帮助或影响的普通机会不足以激发健康的多巴胺分泌，以及与此相关的活力和快感。要获得足够的活力和快感，他还需要更多的或额外的刺激。

从根本上来说，男人需要一定程度的冒险、挑战和竞争，以刺激多巴胺的分泌。

当男性的大脑不能分泌足够的多巴胺时，他就必须提高活动的级别。他不只是要开车兜风，而是要狂飙一把；他不只是要紧闭家门，保护家人，而是要买上一把长枪，定期练习瞄准射击；他不只是要每天骑上一两个小时的自行车，而是要三四个小时；他看电视的时候不只是要看自己喜欢的球队，而是每一支球队；他不响应妻子的柔情蜜意，而是花上好几个小时在网络上浏览色情图片；他不满足于小康生活，而是不停地想要挣更多更多的钱。

从根本上来说，男人需要一定程度的冒险、挑战和竞争，以刺激多巴胺的分泌。如果他的大脑能维持健康的多巴胺水平，提供保护、帮助或影响的日常机会就足以赋予他能量和快感。当他的多巴胺水平较低时，倒垃圾桶不会起任何作用，但是挣大钱就可以。有了这点了解，女人就可以理解为什么男人会记得打一个商务电话，但就是会忘记倒垃圾桶了。

低多巴胺综合征的常见症状

与多巴胺分泌正常时相比，低多巴胺综合征有以下十二种常见症状：

1. 在家没精打采

多巴胺水平较低的时候，男人会在工作时充满活力和激情，但是一回到家就疲惫不堪，没精打采。只要有工作电话来，他又会突然生龙活虎，精神十足。工作中的各种新挑战激发了他的多巴胺，而安逸的家庭生活则不能。

有了正常的多巴胺分泌，男人就不需要通过各种新挑战的刺激来找到活力。当他回到家的时候，他会很容易受到养育家庭和参与家务的挑战。

> 工作可以轻松地刺激多巴胺的分泌，而婚姻则不能。

要激发丈夫的多巴胺分泌，妻子可以对他的行动、工作和成就作出响应，无论这些行动、工作和成就有多么微不足道。她充满信任的评论和饱含欣赏的响应，以及她对他本人的认同，都能最有效地刺激他的多巴胺分泌。

如果他的多巴胺水平很低，就不会只满足于她的欣赏、认同或信任。妻子或爱侣能够刺激他脑部的多巴胺分泌，但是他需要自己负起责任，让自己更多地接受她的支持。健康的饮食和健身计划能增加他制造多巴胺的潜能，为甜蜜、幸福和浪漫的情感关系奠定基础。

2. 兴趣和激情减退

关系之初，男人充满了活力、兴趣和激情，但是这一切都会慢慢减退。在餐馆里，你可以一眼就看出哪个男人是第一次约会——他全神贯注于对面的女人，不停地保持眼神交流。你也可以轻松地看出谁是老夫老妻——他通常没有任何眼神交流，思想很容易开小差，谈吐也不那么生动。

眼神交流是多巴胺水平的一个表征。如果多巴胺水平正常，男人就能够毫不费力地保持眼神交流。多巴胺可以提升兴趣和专注度。眼神游离是多巴胺不足的直接表征。当男人在交往的最初阶段，新鲜感会刺激他已经衰退的多巴胺水平。如果他没有正常的多巴胺水平，一旦两性关系的新鲜感开始消失，那他就需要更多的刺激才能保持专注度。

多巴胺是脑部的兴趣荷尔蒙。当一个男人的多巴胺水平较低，而两个人的关系又失去了新奇感，他就会很容易对伴侣说的话失去兴趣。他会觉得自己以前听过这些话，他还知道她接下来要说什么。因此，他也就很难专注地集中精神去听她究竟在说些什么。

> 多巴胺是脑部的兴趣荷尔蒙。

在多巴胺分泌正常的情况下，男人可以很容易受到刺激，而不需要开始新的约会。他会自动地对妻子的话保持更浓厚的兴趣，就像两个人刚开始交往时那样。只要拥有大量的多巴胺，你就不会如此依赖各种新的体验。

在关系之初，男人充满了兴趣、活力和热情，因为这段关系是新鲜的。数月或是数年之后，他的兴趣就开始减退。这并不是说他的多巴胺在慢慢变得不足，而是他从一开始就缺乏多巴胺。当多巴胺水平较低的时候，你需要新感情的刺激来提升多巴胺水平，以创造活力和吸引力。

在多巴胺水平不足的时候，男人会在感情开始初期非常热烈，然后兴趣迅速消失。他的活力不能持久。然而，如果多巴胺水平正常，男人就能很轻松地体验到持续不断的兴趣和吸引力，并在此基础上作出重要的感情承诺。

3. 不专注和不耐烦

当男人听妻子絮叨一天的琐事时，精力会很快下降。只要她说上两三分钟的话，他就会像一个泄气的皮球一样，失去聚精会神的能力。他变得容易开小差，或是很不耐烦地让她直切正题。这种变化事实上可以在他的脑部被测量出来。他的前额叶皮质在一分钟以前还非常活跃，一分钟以后就开始失去活力。这种变化就是由多巴胺降低引起的。

> 在倾听妻子絮叨一天琐事的时候，男人会很快失去专注的能力。

有了正常的多巴胺水平，男人就可以在倾听伴侣谈话时保持兴趣和活力。他并不需要在紧急情况下才充满活力和动力，照顾妻子和家人的责任感就足以让他保持精力充沛。

4. 冲动

冲动也是低多巴胺症状之一。多巴胺水平低的时候，男人很难在面临冲突时稍事休整，以便对问题详加考虑。他要么会不顾首尾陷入恶战，要么就转身走开，完全忘记自己究竟为什么而生气。

> 在面临冲突时，多巴胺低的男人很难做到稍事休整，以便对问题详加考虑。

不能清晰地表达或理清内心的感情是前额叶皮质不活跃的症状之一。这也与多巴胺水平较低有关。男人经常觉得事情不顺心，但是又不确切地知道究竟是什么，也无法与人交流。在这种情况下，他不但不会去探索自己的内心，找出让自己不愉快的所在，并使其得以解决，反而会改变话题，做一些自己感兴趣的其他事，以图忘记不愉快，恢复良好感觉。

这种逃避或回避的技巧可以帮助他应对压力，但并没有真正解决问题，这些冲突的思想和感受还会回来，越聚越多。

很多男人通常宁愿选择逃避，尤其是在情感关系之中，因为他们不想与自己所爱的人开战。如果男人没有机会改变话题或腾出时间，他就可能会采取更有侵略性的行动，陷入直接的冲突。这两种方法都不能解决问题，最终会让他觉得不胜其烦，再也不像以前那样关心自己的伴侣。

> 当女人开始抱怨的时候，男人通常会拉出一个更长的清单。

在伴侣开始向自己抱怨之前，男人通常会觉得自己的感情一切安好。然后，他会突然之间想起自己心里的一笔小账，并开始感到烦躁。他会这么想："我本来还觉得一切正常，现在你说我，我还想说你呢。我对你的意见多极了，所以你不要逼我。"这个逻辑对他来说很正常，但是对她则不然。其结果就是：她会感到更不舒服。

如果男人的多巴胺水平正常，在他感觉不愉快的时候，就会腾出时间，对自己的思想和感情进行反思。当冲突发生时，他不会去反唇相讥，而是具备内在的控制能力，反思问题出在哪里，然后分析自己目前应该采取什么行动，使问题得到解决。多巴胺能够激发男人寻找解决方案，而不是琐碎地罗列问题。

5. 健忘

在浪漫缠绵之后，男人会许诺打电话，而最后却并没有做到。他会忘记自己原本打算做的事，因为在亲密的缠绵之后，多巴胺水平会暂时降低。他的活力也会消退，于是忘了自己说过的话。女人不理解这一点，经常会觉得受了伤害。因为亲密的缠绵之后，她需要进一步的联系，而且记忆力也会增强。当他的活力再次升起的时候，他就会记起一切来，但这时候打电话往往又太迟了。

当多巴胺水平正常时，男人会更容易记得自己的感情事务。如果他作出了承诺，他会很轻松地记得去完成，而且会更有动力采取后续行动。当多巴胺水平降低时，他还是会记得一些事，一些能刺激他的多巴胺分泌的事，比如非常重要的商务电话，足球比赛，或解决工作压力的方法等等。

6. 以解决方案为中心

男人听女人倾诉遇到的问题时，总是想帮她马上找到解决方案。他变得没有耐心，一上来就提出解决方案。即使他读过我的书，知道女人通常只是寻求理解，而不是解决方法，他还是会失去耐心，忘记她真正需要的是什么。于是，他会一再打断她的话，提出解决问题的方法。多巴胺不足的时候，他会忘记倾听，会抑止不住而打断她的话，直接抛出解决方法。

7. 感情淡漠

在多巴胺水平降低的时候，男人会在工作完一天后疲惫不堪地躲进自己的"洞穴"，不愿意再出来。他一回到家就会累得散了架，完全没有应付家人的精力。他需要时间独处，不愿去承受为他人服务的压力。洞穴时间完全属于他自己。

在读过《男人来自火星，女人来自金星》一书之后，很多女性都学会了不要把男人的洞穴时间放在心上。男人退缩回自己的洞穴并不意味着他不再关心她。相反，这只表示他需要独处一段时间，想要拥有"自己的空间"。认识到这一点之后，女人们又会问：他需要在洞穴里待多久呢？

这个问题并没有固定答案。他会在洞穴里想待多久就待多久。这就好像是问：女人需要使多长时间的小性子呢？或女人唠叨琐事需要多长时间呢？答案是：她想多久就多久。很多男人都没有足够的多巴胺支持他走出洞穴，这才是现代人在情感关系中的最大问题。很多女人则是没有足够的血清素让自己感到被倾听或有依靠。

> 男人退缩回自己的洞穴并不意味着他不再关心她。

所幸的是，多巴胺水平正常的男人需要的洞穴时间更短，他可以很轻松地选择独处时间。有了足够的多巴胺，大多数时候他都可以在回家后先投入一点特别的时间给妻子和孩子，稍后才进入到他的洞穴时间。

当女性的血清素水平正常时，她们讨论日常事务的需求就会急剧下降。她可以在很短的时间内得到所需的支持，激发健康的大脑化学物质和荷尔蒙分泌。她也不会有事事都要与他分享的冲动。她可以很轻松地从其他女性朋友那里找到排解苦恼的方法，只和他分享温馨和友善的感情。

> 回家后投入二十分钟的时间给你的妻子，她会对此非常感激。

我建议，男人至少每个星期有四天时间要在妻子身上好好投入二十分钟的时间，以激发她们健康的大脑化学物质和快乐荷尔蒙。也就是说，他需要在躲进自己的洞穴之前，花一点时间关注她，询问她这一天的情况，倾听和询问更多的问题，分享一点自己这一天的活动，说一些好听的话，给她一个拥抱，对她温柔体贴，不管她在做什么，主动提出帮忙。这些行为将刺激女人分泌健康的金星人荷尔蒙，反过来也可以刺激男人的多巴胺分泌。

即使有足够的多巴胺，男人仍然需要洞穴时间，但是，这并不会让他在很长时间内都感情淡漠或没精打采；即使有足够的血清素，女人仍然需要用交谈来感受与伴侣的联系，差别是时间并不会太长，而且她也会对结果更加满意。谈论一天所发生的事能让金星人感到更加愉快。如果做不到这一点，那就要么是因为他没有倾听，要么是因为她的血清素水平太低。通常情况下是两者兼而有之。

8. 眼界狭隘

多巴胺水平低下时，男人会只专注大问题，忽视小问题。由于眼界狭隘，他只能将注意力放在重大事件上，对于小问题则要么视而不见，要么轻视鄙夷。即使你向他指出了这些小问题，他也不会投入精力或注意力去加以解决。面对压力，男人的多巴胺水平又比较低，这时他会在同一时间只考虑一件事。试图打断或要求他改变注意力只会马上导致沮丧、愤怒和恼火的情绪。

即使多巴胺水平正常，男人也仍然只倾向于在同一时间只关注一件事情，但是他会更有弹性。他可以轻松地将注意力从大问题转移到小问题上面。当需要改变计划或有人要求他们做计划外的事情时，他不会任性暴躁。男人总是会怀疑某项行动是否重要得足以引起他的注意，但有了正常的多巴胺水平，他在作出选择时会更加富有同情心，也更加友善。

9. 厌倦和上瘾

在多巴胺水平较低时，男人会对大多数正常的生活体验感到厌倦。为了逃避这种厌倦，他会产生上瘾的倾向。几乎所有的上瘾行为都与极端的低多巴胺综合征有关，并且也会表现出低多巴胺综合征的症状。接触不到烟、酒、毒品的小男孩则可能会对运动和电脑游戏上瘾。

在婚姻生活中，如果爱情变得极端富有安全感或是太过例行公事，男人就会把伴侣的爱和支持看作是理所当然，失去激情。为了感受兴奋和热情，他需要从令人上瘾的物质或行为中获得过度或极端的刺激。

> 当多巴胺水平低下时，男人会对大多数正常的生活体验感到厌倦。

除毒品外，常见的上瘾物质有精制糖、酒精、香烟和咖啡。常见的上瘾行为有过度工作、过度睡眠、过度运动、过度房事、看太多电视、对色情图片过分感兴趣等等。有些时候，这个人并没有意识到自己厌倦，因为他只是依赖上瘾行为在刺激着自己的兴趣、精力和快感。

The Mars and Venus Diet and Exercise Solution

当健康的多巴胺水平与正常的血清素水平保持均衡时，所有的上瘾渴望都会一一消失。当一个男人的大脑达到均衡，日常生活挑战的正常刺激就足以让他保持兴趣和活力。他不再需要过度的刺激才能体验到快乐和愉悦。

10. 需要空间和距离

性事之后，他会马上堕入梦乡或是突然需要更大的空间或保持更远的距离。这并非意味着他对她的感情有所变化。这只是说明他需要暂时离开，重新找回生命的活力和愉悦。重新独处可以刺激多巴胺的上升，并赋予他更大的活力。

……………………………………
自主刺激多巴胺的分泌。
……………………………………

有了健康的大脑化学平衡，男人就不会在亲热缠绵之后马上想要离开。在他感到恢复独立和距离之前，他还能够享受片刻的亲近感受。

男人总是会有在亲密接触后转身离开的冲动。脑部的多巴胺水平与体内的睾丸酮分泌有关。当睾丸酮的水平升高，男人对亲密接触的渴望就会上升。睾丸酮刺激着男人"亲密—离开"的冲动，而男人的睾丸酮水平比女人要高出许多。当多巴胺水平较高时，睾丸酮的水平就会保持稳定，这种亲密接触后转身离开的冲动就会更加缓和，不至于太过强烈。当他拥有正常的多巴胺和睾丸酮水平时，他不会迅速达到高潮，也不会在高潮之后迅速撤离。

11. 反复无常

当男人的多巴胺水平低下时，他会在一开始表现得兴致盎然、浪漫体贴，随后却又迅速撤离。每次亲密之后，他都会重新退缩。他的金星人伴侣会觉得很难诠释他的感情，因为他们总是如此反复无常。今天他可能会想要与她长相厮守，明天他却想要结束关系。不了解这一倾向，女人就会很容易觉得自己被他弄得忽左忽右、晕头转向。

> 离了她不能活，离了她才能活——这些都是典型的低多巴胺症状。

这种现象容易被误解为害怕亲密。一般来说，如果女人表现出这种类型的反复无常，则可能是害怕亲密的表征，而且一般是由于过去的未了之事引起的。如果男人表现出这种倾向，通过增加他的多巴胺水平就能让问题得到解决。

当男人撤离时，大部分都是由于一种想要独处的生物性的荷尔蒙冲动引起的。在多巴胺水平下降时，这种冲动会被夸大。他会很容易在情感关系中感到窒息，必须选择离开。如果女人有太强的控制欲或母性，即使有着正常多巴胺水平的男人也会感到窒息，想要逃开。大多数男人都抗拒被控制。但是，低多巴胺会让男人对于控制更加敏感。

12. 失去吸引力

一个男人可能很爱他的妻子，但经过几年的婚姻生活，他对她再也没有了刚开始的激情。他爱她，但是化学反应却开始减少，乃至几乎消失殆尽。激情并没有随着爱的增长而增长，相反，他的性欲反而在减退。一旦他遇到一个新的不一样的女人，他可能又会再次变得"性趣盎然"。

> 婚姻中化学吸引力的消失并不代表着男人不再爱他的妻子。

除非男人能学习控制自己的冲动，否则他会很容易发生婚外情。突然在另一个女人面前表现得生龙活虎确实非常有诱惑力，而当他在家的时候，却完全找不到这种感觉。这种愉悦的浪潮就类似于斋戒数日后突然开始进食，其效果可能非常夸张和激烈。具有讽刺意味的是，这种愉悦与爱无关，他仍然爱自己的妻子，但是却会对一个陌生人产生性欲。

如果男人能从他的伴侣身上得到性的满足，就能够很轻松地控制这种强大的冲动。在恋爱关系中，多巴胺的分泌是保持激情和持久浪漫的基础。如果一个人缺乏健康的多巴胺水平，即使是找到了自己的另一半，一旦开始按部就班的生活，激情还是会逐渐消失殆尽。

> 如果一个人缺乏健康的多巴胺水平，即便是找到了自己的另一半，一旦开始按部就班的生活，激情还是会消失殆尽。

有了健康的多巴胺水平，男人仍然会受到其他女人的吸引，由于他同时也能受到妻子的吸引，所以他不会由于受到诱惑而出轨。男人能受到其他女人的吸引是件好事，这可以让他保持年轻和活力。男人天生应该受到女人的吸引。通过运用良好的沟通技巧，男人就可以长久保持自己的伴侣最初的吸引力。

> "你可以看女人，但是不要流口水。"

即便如此，如果男人紧盯着另一个女人不放，还是意味着他对自己的伴侣粗鲁无理和麻木迟钝。我的妻子这么对我说："约翰，你可以看，但是不要流口水。"如果有时我看得时间太长，她就会开玩笑地推推我，我则会装出一副大梦初醒的样子。然后我会马上转向她，表现出更多的关注和体贴。

总的来说，女人很难本能地理解这一点。对女人来说，性吸引力并不是自动发生的，她只会对自己有兴趣建立情感关系的异性产生性欲。在产生性冲动之前，她需要更多地感受到感情上的联系。

对他人的需要反应迟钝

从以上的每一个例子，你都可以看到注意力缺陷和多动症的影子，只不过是发生在成年男人及其情感关系的模式上而已。从咨询师的角度来看，一个母亲对自己患有注意力缺陷和多动症的儿子的抱怨与女人对成年男性的抱怨极其类似。两者都出现了与失去动力、活力和耐心相关的不专注、过分活跃和情绪冲动等现象。

> 在多巴胺水平低下时，男人会更急于去取悦女人，但这只会发生在关系刚开始的时候。

这种状况在情感关系中的体现可以用一句话来概括：对他人的需要反应迟钝。在关系之初，即使是多巴胺水平不高，男人也会急于去取悦女人，因为赢取芳心的挑战刺激了他的多巴胺水平。挑战消失之后，多巴胺水平也就随之下降。即使他非常爱她，每日的例行公事和家居生活还是会让他的多巴胺水平进一步下滑。

当这个男人回到家中，他会以为自己只不过是工作太辛苦而已。事实却是，他正在经历低多巴胺综合征。他在工作中精力十足，是因为工作中有足够的风险、挑战和竞争，能刺激他的多巴胺分泌，但在家里却安逸、和谐、按部就班。他开始放松，因为他缺乏多巴胺，如果没有刺激，他就会无精打采。

让他疲惫的并不是工作，而是低多巴胺。如果他再次单身，开始一段新感情，他就会在下班后突然精力充沛。由于积极地寻找爱，他会突然变得神采奕奕、动力十足；由于他受到了挑战，所以他会专注地对新伴侣的各种需求报以积极的回应。

一旦他满足了她的需求，关系变得安全，他的多巴胺水平就会下降，他对她的需求的反应也会开始变得迟钝。也就是说，他仍然很关心她，只不过他不再有精力去回应她的需求而已。他不自觉地把精力分配给了最重要的事情，因而拒绝去做小事情。

让女人感到浪漫和依靠的恰恰就是小事。男人对小事的关注能激发女人制造出健康、幸福和持久爱情的化学物质。在下一章，我们将探讨血清素在女性大脑的重要性，以及数百万女性共有的许多低血清素综合征的症状。

男人来自火星
♂ 4
女人来自金星

The Mars and Venus Diet and Exercise Solution

♛

第4章
金星人需要血清素

在西方，女性血清素缺乏已成了一种流行病。数百万女性都需要用百忧解等精神活性药物来刺激血清素的正常分泌。另外还有数百万女性同样受到了低血清素的困扰，只是症状不那么严重而已。低血清素的很多症状都极为常见，以至于在过去三十年竟一直被视为女性的正常表征。各种程度的经前综合征、心力交瘁、体重超标、对婚姻不满、阵发性抑郁、性冷淡、潮热……这些都被看作是身为女人的正常反应。这些表现确实非常普遍，但并不是健康的体现。

在大多数情况下，造成以上症状的都是女性的饮食和锻炼习惯。激发血清素分泌的食物摄入不足和营养缺乏导致了女性的这些不良症状。最近的研究表明，男性合成血清素的速度比女性快，而且贮存量也更大。大部分血清素都是在早晨分泌的，如果早上不能分泌足够的血清素，女性就很容易情绪低落。和男人承受着低多巴胺症状一样，女性也受到了低血清素症状的困扰。血清素问题确确实实可以说是金星人的问题。

低血清素同样也会严重影响到两性之间的浪漫关系。事实上，低血清素会使两性差别进一步扩大。血清素分泌正常则可以让男性爱慕的女性特质得到强化。当女人的血清素分泌正常时，她不仅对异性更有吸引力，而且也更能获得持久的健康和快乐。

> 松果体可以将多余的血清素转化为降黑素，以保证晚上能睡上一个好觉。

大多数女性并不需要药物，相反，她们需要的只是更有营养的早餐，让她们可以在早晨制造适量的血清素。早晨制造的血清素可以维持一整天。当太阳落山的时候，松果体可以将剩余的血清素转换成为降黑素，以保证整晚的睡眠。松果体位于脑部中央，直接决定着白天的血清素分泌和夜间的降黑素分泌。没有降黑素，很难保证一整晚的好睡眠。

如果没有均衡的营养（尤其是早餐），女性会一整天乃至一整晚都为低血清素症状所困扰。当症状极为严重时，她们会忍不住寻求药物的帮助。对大多数女性来说，这种状况都可以通过特别设计的饮食和锻炼计划得到改善，因为这些饮食和锻炼计划能促进血清素的分泌。

> 血清素可以让我们拥有舒适、幸福、惬意和乐观的情绪。

血清素是脑部的一种神经递质，可引发舒适、满足、幸福、惬意以及乐观等情绪。如果女性大脑内的血清素不足，无论她的实际生活环境如何，她都会感到茫然失措、担心焦虑、遗憾痛苦，以至哀伤、怨恨或冷酷等一系列负面情绪。当然，男性也可能会遇到血清素水平下降的情况，但其情形和女性完全不一样。当男性的多巴胺水平下降时，他的温柔、理解和尊重就会随之急遽下滑。而当女性的血清素水平下降时，她就会变得更加不善于信任、接纳和欣赏他人。

> 在血清素水平较低时，女性更倾向于依赖其情感关系来找到快乐。

情感关系的质量对血清素的分泌起着主要的刺激作用。沟通、配合和协作能极大地促进女性血清素的分泌。当血清素水平较低时，女性更倾向于依赖情感关系来刺激体内的快乐荷尔蒙。当血清素水平正常健康时，她可能仍然会依赖于高质量的情感关系来激发幸福和乐观的情绪，但她不会过度依赖、苛求或挑剔。如果她的血清素分泌较少，无论她的另一半怎样支持她，她都永远不会满足。

这正是女性寻求情感咨询最常见的原因。她们觉得从伴侣那里得到的支持不足。尽管她们的怨言在某种程度上可能是真的，但是，她们的结论和情感反应却因血清素分泌不足而变得更加错综复杂。在大多数情况下，这些低血清素症状都可能是由营养缺乏造成的。

> 对某些女性而言，脑部血清素减少就意味着谈话的需求增加。

血清素水平较低的女性之所以要寻求情感咨询，是因为与亲切友善的人谈话可以刺激她脑部的血清素分泌。只要她的血清素水平偏低，她谈话的需求就会很强烈。对某些女性来说，脑部血清素减少就意味着谈话的需求增加。而对另一些女性来说，低血清素引起的悲观情绪有时会让她们不愿意讲话，因为她们觉得没有人能够理解她，或是觉得谈话对自己毫无裨益。

> 没有了制造血清素的生理燃料，再多谈话或浪漫都不能让女人满足。

即使一个女人在生活中有很多沟通、配合和协作的机会，一旦她的血清素水平降低，即便她的丈夫非常爱她，并努力倾听她的需要，也无济于事。没有了制造血清素的生理燃料，再多谈话或浪漫都不能让女人满足。她总是会觉得若有所失。她的感觉是正确的——因为她的大脑没有制造出足够的血清素。

> 和关心自己的人谈话可以刺激血清素的分泌。

每天都有数百万的女性去见咨询师，倾听她们单边谈话50分钟，以制造足够的血清素，让自己感觉良好。尽管这么做非常见效，但这并不能解决她们的实际问题。她还需要给她的身体提供必需的营养，以制造更多的血清素，作为这种疗法的补充。

我们需要理解为什么女性会如此依赖心理咨询。除非咨询的主要目的是为了教育，或为了解决过去的创伤和目前的具体事务，否则和咨询医师谈话只不过相当于吃了一顿健康的早餐而已，而且还更加昂贵。

> 和咨询医师谈话只不过相当于吃了一顿健康的早餐而已，而且还更加昂贵。

在某些情况下，咨询还可能会让某些女性的问题进一步恶化。与咨询师交谈，对方认可她所说的每一件事，这可以刺激她的血清素分泌，并使得她从中得到安慰。而当她的丈夫不这么做的时候，她会变得更加不宽容。她会期望丈夫像医生那样只听她一个人说。她没有意识到自己也必须要听他说。当他需要被倾听的时候，或是他们的意见不一致的时候，她就会错误地认为自己不能得到所需的东西。

　　即使是治疗有效，其效果也通常并不持久，因为她的日常饮食没有提供制造足够血清素所需的原材料。如果每天通过晨练和早餐刺激血清素分泌，那么女性寻求医师的次数就会减少，获得持久裨益的可能性也会随之增加。让我们来看一看血清素缺乏综合征的一些症状。

暂时性健忘

　　男人需要了解妻子最重要的一件事就是：在旅行途中，一定要保障规律的饮食以维持血糖和制造血清素。当血糖降低的时候，血清素的分泌也会随之减少。当女人感到饥饿的时候，通常就代表着她的血糖已经降低。如果她说："让我们找个馆子。"男人就应该正确地理解这句话。这句话的意思并不是："让我们悠闲地花上二三十分钟找点吃的。"而是："我马上就要吃。"

> 当自己的妻子或女儿需要吃东西的时候，男人需要马上给她们弄点吃的。

　　女性更依赖规律性的进食来保持血糖水平，维持血清素的分泌。如果一天开始时，女性没有分泌出足够的血清素，就更是如此。

　　如果她提出需要食物，那么他就需要像对待蓝色紧急警报一样对待这一指示。在医院，当一个人突发心脏病，他就需要紧急抢救才能生存。这种对紧急抢救的最高关注就是"蓝色紧急警报"。当自己的妻子或女儿需要吃东西的时候，男人需要听取这一蓝色紧急警报，马上给她们弄点吃的。

如果女人在饥饿时不马上吃点东西，她的血糖和血清素水平就会在几分钟之内下降。而一旦她的血糖和血清素水平降低，她就再也不是男人当年所娶的小娇妻了。在这段短短的时间之内，她会经历暂时性的健忘，完全忘却男人以前的所有好处。

> 当血糖水平降低的时候，女人会经历短暂性的健忘，完全忘却男人以前的所有好处。

任何时候，只要血糖一降低，就会发生这种暂时性健忘。这个时候可不宜和她争执或提醒她为什么你是个了不起的男人。

如果她说你总是迟到，不要提醒她什么时候你确实很准时。

如果她说什么事情都是她在做，不要告诉她你也做了很多。

如果她说你不像以前那么浪漫或像以前那么爱她，不要告诉她上一次你们还柔情蜜意。

如果她瞪着你，就好像你是个彻头彻尾的废物，不要往心里去——她爱怎么说就怎么说。你要坚信，乌云很快会过去，太阳还会再次升起。

> 当女人的血糖下降时，你要坚信，乌云总是会过去，太阳还会再次升起。

你要记住，当女人的血糖水平降低时，她会用诗人的创意来表达感情。不要把她说的话放在心上，更不要与其争执。不管她说什么，你只需要听着，然后马上去拿吃的。

要真正地解决问题，你需要做的就是——找吃的，并且尽量什么也别说。通过倾听，你可以帮助她刺激血清素的分泌，直到你拿来食物为止。有了恰当的燃料，她会迅速回复成你所爱的女人，并且想起你是个多么了不起的男人。

情绪突变

男人还必须记住血糖、血清素和突然情绪波动之间的关系。糖是大脑的养分。当血糖水平降低的时候，大脑就会停止制造血清素，女人的情绪也会随之降低。了解这一点之后，男人就需要支持女人，倾听她、为她准备食物，不要把她所说的话、所发泄的情感和所表现出来的态度放在心上。如果男人不能理解女人情绪突变的原因，男人常常就会觉得自己受到了伤害，并会奋起为自己辩护。据专家的估计，大约有75％的女性每天都会出现低血糖症状。在第10章，我们将更加详尽地探讨为什么女性会遭遇低血糖，以及她们应该如何避免出现这一失衡现象。

女人的情绪可以说是瞬息万变。这一分钟她会非常欣赏和爱慕一个男人，下一分钟她又会打心眼里讨厌他、质疑他、并责问他很多问题。男人会觉得她在贬斥他，就好像他不爱、不关心、不支持她一样。这一分钟，你是个了不起的男人；到了下一分钟，她看你的眼神就好像你什么也不是！

> 这一分钟，你是个了不起的男人；到了下一分钟，她看你的眼神就好像你什么也不是。

适度的情绪波动是正常的。这种波动很自然，就像天气变化一样。有时温暖，有时寒冷，有时阳光普照，有时阴云密布，有时风雨大作。这些变化让生活更加有趣和丰富多彩。当血清素水平降低时，这些自然的情绪变化就会变得更加突兀、更加强烈。这时候就不再是细雨霏霏，而是飓风来临了。

即使血清素水平正常，女人的情绪也可能是说变就变。她的情绪就像海浪一样时起时落，时而乐观，时而悲观。女人本能地理解这一点，男人则不能，他们的身体不会每个月经历可能创造出新生命的剧烈荷尔蒙变化。

> 当血清素水平降低时，自然的情绪变化就会变得更加突兀、更加强烈。

女性荷尔蒙的定期变化导致了女性月经周期的产生，同时也引起女性情绪的倏忽万变。有的时候，她会情绪高涨，眼中的每件事都带着玫瑰色的光辉，她会觉得生活丰富多彩。在海浪到达顶峰以后，剩下的运动方向就只有一个——下落。这个时候，女人就会更在意自己所得到的支持，如果她生活中的支持确实有所不足，她就会真切地感受到这一点。而一旦她的大脑内缺乏足够的血清素，她的情绪就会陡然跌至谷底。

在女人情绪低落时，男人就会错误地以为自己需要纠正或帮助她解决问题。结果他可能会认为无论自己做什么，都不能让她开心。他以为除非能解决她的所有问题，否则她永远也不会高兴起来。于是，他会感到挫败，多巴胺水平也会随之降低，他会突然没有任何精力或兴趣去关心她所说的任何话。

只要谨记自己能起到什么样的协助作用，他就可以维持多巴胺水平，继续对她保持关注和支持。一旦她的情绪浪潮开始触底反弹，她的心情也会自动地恢复到积极乐观的一面。有了均衡的饮食和健身计划帮助女人调节不断变化的荷尔蒙水平，她的情绪浪潮就会平缓如绵延的山峦，而不是像锯齿状的陡峭峰顶或笔直波谷。

需求增加

从进化论的观点来看，女性瞬息万变的情感需要是有道理的。在血清素水平较高时，女人对情感关系的需要就低，也更独立自主。在排卵期雌性激素降低时，她的血清素水平也随之降低，她对情感关系的需求也会增加。她也会更强烈地渴望与伴侣进行沟通、配合和协作。

在血清素水平降低时，她的身体正在为受孕做准备，她对情感关系的需求也就增加。当她处于排卵期时，她满脑子想的都是寻找爱和支持。从进化论的角度来看，这种对爱和支持的渴望增加了她的受孕机会。她会突然更加欣赏潜在的浪漫伴侣。

> 当女性处于排卵期时，她对情感关系的需求会增加。

这种模式非常有效，除非这个女人的血清素水平本身已经很低。这种情况下，她所体验到的就不只是血清素的轻微降低所激发的需求略有增加，而是不断地需求。由于荷尔蒙的突然改变，她会自暴自弃，觉得毫无希望，于是会以烦恼、愤怒以及冷淡等感情来作为防御。这些症候通常会被视为经前综合征。当她的浪潮触底的时候，宣泄感情可以让她的血清素水平升高，从而让她感觉良好。

> 由于荷尔蒙的突然改变，女人会自暴自弃，觉得毫无希望。

了解了这一点，男人就可以很轻松地做到不试图去帮助她解决问题，也不会去教育她或向她解释为什么她不应该对某件事情感到不安。相反，他可以很明智地聆听、提问，让她的情绪优雅地波动，不久她就会容光焕发。

在这些时候，男人可以通过聆听、关注和充当她的友人来帮助她的大脑分泌血清素。血清素的增加将使得她更快地到达底线，然后心情愉快地恢复身心。只要男人能够理解真实的情况，他就能更有耐心，因为他知道，在天气转晴之前必然会雷雨大作。

如果女人遭遇低血清素综合征的原因是饮食结构缺乏营养，那么无论男人给予多少爱和支持她都不会满足。一个聪明的女人应该意识到，饮食、锻炼和生活方式的选择和她从情感关系中得到的爱与支持同等重要。

> 一个聪明的男人深知，在天气转晴之前必然会有雷雨大作。

除非女人能意识到饮食和锻炼的重要性，否则她总是会认为伴侣在自己失望或不悦的时候没有能力给自己提供足够的支持。她不能欣赏和享受男人所给予她的一切，而是紧盯着自己所没有得到的不放。当她的大脑化学处于健康状态时，她的需求就会突然减少。

在错误的地方寻找爱

在感情关系中，付出是一种最能激发血清素分泌的行为。当血清素处于健康水平时，女性会有强烈的冲动，她要为可能回报自己或已经为自己提供了支持的人付出。这是一种基于互惠原则的健康的付出反应，这种付出和接受的平衡创造了情感关系中的满足感。

如果一名女性在生活中已经接受了许多支持，她的满足感就会上升到一个更高的层次。她会向不能回报的人付出。这种无条件的给予有点像慈善布施。这是一种自由的给予，无需接受任何回报。

慈善布施能提供最高的满足感，这是一种不求回报的付出。从生物化学的层次来看，这种无条件的给予能快速催生脑垂体的催产素，并激发更多的血清素（催产素是一种非常好的金星人荷尔蒙，我们将在第6章对其详加阐述）。通过不求回报的付出，你总是能迅速补充血清素。

为了体验血清素增加所带来的欣慰之感，女性可能会不求回报地付出。

不求回报的付出能制造最大量的血清素。

她不去向能回报她的人付出，而是会为那些不能报答她的事件、环境和人付出。为了获得即时的血清素安慰，她会在所有没有爱的地方寻找爱。

不断地付出再付出之后，某一天早上，她一觉醒来，会觉得自己付出太多，心中一片空虚。慈善布施可以让你感觉良好，但如果因此负债累累就不好了。另一方面，只有你的需要得到了满足，你才能支撑得起向不能回报你的人施与的奢侈。

如果没有足够的血清素，有的女性就会不断地付出，直到她们无法回头，并且拒绝从能给予她们帮助的人那里接受任何帮助。即使有人愿意向她们付出，这些女性也无法敞开心扉接纳他人的付出。她们营营役役于错误的地方寻找爱，以至于难以让自己放开心胸，接受他人的帮助。幸运的是，这种局面并非完全不能改变。

通过建立健康的血清素水平，女性就会被更多支持她的人和事所吸引。当她不必依赖无需回报的付出就能感觉良好时，她会放松身心，接纳更多。当这一切发生时，她就能拓展思维，认识到生活中已经获得的巨大支持。

怨气流感

在付出太多之后，紧跟着的就是牢骚满腹。当一个女人付出太多，就会忍不住期望、需要或要求更多回报。当她因为付出而得不到回报时，她就会变得怨气十足。这种怨气可能会变成一种慢性病，尤其是当她的大脑不能产生足够的血清素时。

女人天生更脆弱、更敏感。

通过现代科技可以在脑部清晰地观察到伤害和怨恨，因为这时脑边缘系统的活动会增加。当男人想起自己被伤害时，血液会涌向主宰情感的脑边缘系统；当女人想起自己被伤害时，涌向脑边缘系统的血液则是男性的8倍。女性身上这种由血液增加所显示出来的情感敏感度很正常，也很健康。

在健康的大脑内，一旦脑边缘系统过分活跃，就会产生更多血清素，流向脑边缘系统，使其放松下来。女人可能很容易受到伤害，她也能很轻松地宽恕、接纳、理解和信任。当她不能制造足够的血清素时，脑边缘系统就会一直过分活跃、不能放松。她受伤的感情就会变成一种长期现象，最终演变成为怨恨、疑惑和不信任。

脑边缘系统就像是一面滤镜，用来阐释自己一整天的活动。脑边缘系统决定了你是把杯子看做是满满一半还是空了一半。对经前综合征妇女的脑部研究显示，在月经来临前几天，深层边缘系统就会变得发炎红肿或过度活跃。

脑边缘系统过度活跃的症状有：

★ 喜怒无常、易怒、抑郁。

★ 容易悲观。

★ 对事情消极。

★ 不愿付出。

★ 情感非常消极。

★ 暴饮暴食。

★ 失眠。

★ 性欲增加或减少。

当女人的血清素不足时，脑边缘系统就会过度活跃。怨气不仅会长期留存，而且还会与时俱增。这种长期郁积的怨气是一种病，就好像流感一样。当你得了流感，你几乎什么也做不了，只能尽量远离病源，摄入大量的水和矿物质，然后卧床休息。在情感关系中也是一样，当女人感染上了付出太多的怨气流感，她就需要停止向他人付出，开始为自己付出。如果她的血清素水平很低，就很难完成这种健康转移。

治疗慢性怨气的方法就是停止没有回报的付出，自由表达你的所有期望。只在你能得到回报的地方付出。首先为你自己付出，然后为能够也必然会回报你的朋友付出。

当你感染上了怨气流感以后，就不要再继续慷慨施与。施与会让人感觉良好，但是当你回到自己的情感关系之中时，你会更加怨气十足。尽管你热爱奉献，这个时候还是要为你自己付出一点。

这种改变并不是要你拒绝付出爱。你到巴哈马或夏威夷度假并不代表你会排斥自己的家。你只是稍事休整，给自己充电，以便容光焕发地回家，对自己所生活的地方更加爱惜。这只是让你为自己的个人需要服务而已。

在情感关系中，女性通常会为了满足个人需求而内疚。她们认为要满足自己的需要，就一定要为他人付出。当她们不能得到自己所需要的东西时，她们最不可能主动去做的事就是停止付出。她们不但不为自己付出，反而会继续为他人奉献，但同时又抱怨自己没有得到回报。这就好像自己选择取消假期，待在家里，却一直不停地抱怨不能出去度假一样！

在两性关系中，对自己和伴侣而言，女人所做的最糟糕的事就是——只在行动上付出，而不是发自内心。行动能促进血清素的分泌，但如果不是充满爱意、发自内心地奉献，反而会阻止血清素的分泌，而她的怨气也只会越升越高。

具有讽刺意味的是，当男人感到怨气十足或内心冷酷时，他所能做的最好的事就是为他人服务。即使他内心并没有善意，也并不真正喜欢做这些事，但是只要能为他人服务，他的睾丸素水平就会增加，并进而提升他的多巴胺水平。当他的火星人荷尔蒙开始增加，他就会觉得更有动力去表达爱、协助和同情。这时候他就不仅只是在做该做的事，而是会真正感到自己喜欢做。

> 嫁给一个不能满足自己情感需求的人通常是构成女性低血清素的原因之一。

对男人而言，"做该做的事"不要管自己的内心感受，就可以促进多巴胺的分泌，他会开始体验到更多的愉悦、能量和动力。自然而然地，他就会更多地付出爱和支持。他不需要血清素来激发爱的感觉。相反，他需要的是更多的多巴胺，让自己想起心中的爱，并让这些爱自然流露出来。

做该做的事同样会提升女性的多巴胺水平，但并不会使得她的血清素随之增加。女性普遍有大量的多巴胺，而且总是有动力去做该做的事情。这就是为什么女性总是会为他人，而不是为自己服务。当她觉得心有怨言时，她首先需要的是让自己感觉良好，然后做正确的事和为他人服务。

嫁给一个不能满足自己情感需求的人通常是构成女性低血清素的原因之一。经年累月不能从婚姻关系中得到自己所需要的东西，这会让一个女人心生怨言，完全忘却当初相爱的理由。这种时候，她就会对自己的伴侣充满怀疑，并最终认定他并不爱自己，有些时候这或许是真的，但大多数时候并非如此。

> 任何人在牙疼的时候都不可能和善友爱。

和牙疼一样，当女人患上怨气流感时，她会很难再有爱的念头或是和善的态度。尽管她可能还爱着自己的伴侣，并继续为他做充满爱意的事，但是她再也不会发自内心地欣赏他。她不会为他所做的事感到欣喜，而是执迷于斤斤计较：自己做的太多，而他又做的太少。

当女人患上怨气流感时，她不能感受到爱。她可以做充满爱意的事，但是她的心扉并没有打开。由于她紧闭心扉，所以她会斤斤计较，而他的得分则总是很低。如果她给自己打了60分，给他打了20分，那么她就会用60减去20，得到一个新的比分——40：0。这种时候，她实际上会觉得他什么也没做，这就是怨气流感的症状。

多年以后，怨气流感最终会变成怨气肺炎。这个时候，她就会错误地认为自己嫁了一个错误的男人，于是会想到离婚。很显然，她没有从婚姻中得到自己需要的东西，但是这并不意味着她不能得到。嫁给一个正确的人并不能保证你就能得到自己需要的东西。你从婚姻关系中能得到什么，以及得到多少，与你的伴侣关系甚微，而更多地与你对待和回应他的方式有关。

> 做咨询的时候，我总是会听到女人们在说："我不断地付出再付出，却得不到自己想要的任何东西。"

当女人想要离婚的时候，我最常听见的一句话就是："我不断地付出再付出，却得不到自己想要的任何东西。"有了对怨气流感的理解就可以着手解决这个问题。女人不能让自己的伴侣重复过往的模式，就要学会另一种形式的给予。她们不能把自己的所有时间和希望都寄托在伴侣的回报上，而是要学会自己给予自己。

有了这种全新的认识，女人们就应该停止为伴侣继续牺牲，学会做自己想做的事。她们不应该再等待伴侣来让自己快乐，不应该再觉得有义务满足他的所有需要，而是开始为自己奉献。

把一切都奉献给自己的伴侣，然后期望他满足你的所有需要，这种想法是不正确的。解决之道就是做你需要做的事，获取你所需要的情感支持，然后你才能真正不求回报地为自己的伴侣和子女付出。这样的关系才是更完满的。

不切实际的期望

女人想当然地认为，由于男人对世界知之甚多，因此他们也应该了解女人的思考和感受方式。这种期望是不切实际的。一个男人爱女人并不意味着他爱的方式也会和女人爱男人一样。男人真的很想让女人幸福，只不过他们并不知道女人最需要的是什么。

事实是，大多数男人对此一点概念都没有。即使他们开始有所察觉，也仍然要过很多年才能真正理解一个女人的独特需求是什么。由于没有理解男人和女人有多么的不同，女人会不明原委地责怪自己的伴侣。她会以为他其实知道的更多。于是她就会因为他对她不够在意，没有为她做对她而言非常重要的事情而感到受伤害。这种指责的态度不仅会让男人避而远之，而且还会进一步增强她的错误认识，以为他确实不爱她。

血清素水平正常能使大脑更加放松。低血清素与大脑扣带回的过度活跃相关，扣带回位于大脑中部深处，从前脑一直环绕到后脑。这一部分与安全感有关，能赋予我们适应变化的能力。科学家所说的认知不变性就是扣带回过度活跃的症状之一。简单地说，这意味着人不能适时作出调整，改变预期。

> 低血清素会导致认知不变性，也就是缺乏适时调整，改变预期的能力。

如果有人令我们失望，脑部的扣带回就会让我们调适到新的状况，并尽量看到其中最好的一面。认知不变性会阻止一个人随和地接受生活所赋予的一切，而且还会让我们急于求成。

这种倾向会在女性的情感关系中被进一步放大。她对亲近的人付出越多，在不能达到预期愿望的时候就会越发没有回转余地。

如果一个陌生人迟到，她会非常得体地表示原谅和理解，如果迟到的是她为其付出很多的人，她就不会这么有弹性了。她的理由就是："我为你做了这么多，你也应该为我做到这一点。"

在关系之初，即使是血清素水平很低，女性也能够原谅伴侣的过失和不完美。在刚开始的时候，她不会对他有任何期望。随着她为他做的事情越来越多，她对回报的期望也开始上升。由于认知不变性，她会很难放弃自己的期望，也很难为自己的所得感到快乐。

随着关系的深入，她不但不会接纳她的伴侣，反而会执著于期望未达成的痛苦，对他的过失会越来越失望，也越来越不能原谅。多年的婚姻和经年累月的认知不变性使得女人习惯性地认为自己永远得不到自己想要的任何东西。当她的血清素水平上升以后，过度活跃的扣带回也会放松，她又可以恢复健康的乐观情绪。她不再执著于过去，而是变得更加乐观豁达。她开始欣赏自己所能得到的，而不是自己所不能得到的。

脑部的扣带回可以让我们随着环境的改变而改变。当扣带回功能紊乱时，我们就会念念不忘对生活的期望，并因此抗拒变化。这种症状有很多种表现方式，比如，对计划在最后一分钟改变耿耿于怀，总是要求环境整洁有序，等等。当然，这些表现有的很正常，主要取决于我们个人的脾气秉性。但是一旦这种表现到了过分的程度，就说明它与扣带回的过度活跃以及低血清素水平有关。

与扣带回过度活跃相关的其他症状有：

* 杞人忧天（她总是为全家人担惊受怕！）。
* 念念不忘过去受过的伤害（她只记得他的过失）。
* 沉迷于消极思虑。
* 一旦想要什么东西，就会马上或以极端的方式得到。
* 不自觉地抗拒变化。
* 不能轻易原谅或忘却。

扣带回过度活跃会让我们对期望或计划念念不忘。女性在血清素水平较低时就会表现出这些倾向。

女性如果对伴侣付出太多，回报期望太大，就会很容易破坏彼此的感情关系。考虑到男性低多巴胺和女性低血清素状况的普遍性，只有50%的婚姻以离婚而告终简直算得上是奇迹。由于对男人期望过多，女人不自觉地为自己树立起了接受支持的屏障。

如果自己的付出能得到欣赏，男人就会付出更多。如果女人的回应是他付出的还不够多，他就会不自觉地开始更少付出。当女人患上怨气流感时，她就无法欣赏他所作出的改善努力。于是他就会不可避免地越来越少于付出，直至最终放弃。

回报男人，就要对他的努力表示欣赏。当男人知道自己会得到回报时，他的多巴胺水平就会上升，他也就会有更大的动力去付出。当男人知道自己能改变局面时，就会特别兴奋和鼓舞。当女人患上怨气流感时，他也通常会停止付出，因为他觉得自己什么也不能改变，说什么或做什么都不能让她开心。

觉得心力交瘁

付出太多会让女性出现低血清素综合征最常见的症状：心力交瘁。作为从业三十多年的咨询顾问，我目睹了心力交瘁一词慢慢地成为了生活中的一个常用词。今天的女性不再说："我不快乐或我不满意。"而是会说："我觉得自己不堪重负，心力交瘁。"

心力交瘁是一种更积极的说法，也更加准确。如果你只是不快乐，就很容易让人以为你心中不再有爱，也不珍惜你所拥有的。而心力交瘁则意味着你内心的爱非常丰富，乃至你想要付出自己的所有。女人并不会说："要做的事情太多了，所以我无法事事在意。"用生物化学的语言来说，如果一个女人的血清素很低，而她又想要表达自己的爱的话，她就会怀疑自己能不能做得到。她会觉得自己得不到必要的支持，无法完成自己所想要完成的事。

> 心力交瘁一词准确地描绘了血清素水平低的人日常的心理体验。

要做的事情太多，做事情的时间又太少——这已经成为了数百万妇女的每日话题。这些女人错误地把自己的情感状态归咎于充满压力的生活。人并不会缺乏时间，一直以来每天都是24小时，将来也必然如此。压力本身并不一定会让人心力交瘁，但如果你血清素水平太低，则可能如此。

低血清素会让你对他人的想法过分关注。这个时候，你就会冲动地去承担所有的事情。当你过分强调他人的想法时，你就不会去花时间发现你自己的内心以及你自己的需要。放缓节奏，为你自己去做事，去发现和享受你自己的所爱、所想和所需，你就能逐步摆脱心中的执迷。

> 低血清素会让你对他人的想法过分关注。

感到心力交瘁是一种轻微的强迫症，是由缺乏血清素而导致的脑部过度活跃。在一天结束的时候，有的女性会心潮起伏，整晚整晚地忧虑自己该做些什么，还没有做什么，做不到什么，需要完成什么，如果完不成又会发生什么……等等等等。如果女性的饮食能维持其血清素的分泌，她们的大脑就更容易放松，浸淫其生活的过度思虑现象也会随之消失。在大脑舒缓的时候，女性会更容易放弃完美主义的倾向和取悦他人的冲动。她会在给予他人和给予自己之间找到生活的平衡点。

血清素水平正常时，女性就可以更加从容，更好地把握轻重缓急。心力交瘁的症状之一就是总觉得有太多的现实问题和潜在问题，以至茫然失措，不知从何入手。

人在血清素水平较低时会很难作出决定，脑海中充斥着太多对他人的责任和承诺。在血清素水平正常时，大脑就能够从容地洞悉出什么是最重要的，而不必出于对他人的责任而备感压力。

抑郁症

低血清素综合征广受关注的一个症状就是临床抑郁症。目前有数千万女性被诊断出患有抑郁症，并正在接受百忧解和左洛复（Zoloft）等精神活性药物的治疗。从统计数据来看，女性患临床抑郁症的人数是男性的两到三倍，患季节性情感障碍症的人数是男性的四倍。除此之外，还有数百万女性的抑郁症尚未得到治疗和诊断。

在全美国每年3万宗的自杀案件中，有70%都要归结于未诊断抑郁症。还有更多的妇女曾试图轻生。在每一例自杀案背后，都有数百个人曾严肃地考虑过采取自杀行动。每年都有50%以上的美国人因为某种形式的抑郁或焦虑而感到疲惫不堪。据估计，每年与抑郁症相关的医疗护理成本、工时损失和生命损失就有400亿美元之多。最近的研究还显示出，长寿与回避抑郁的能力有直接的联系。

血清素是最有名的可消除抑郁的神经递质。适量的血清素能带来情感上的稳定、愉快、安全、放松、宁静、平静和自信。低血清素则会带来很多抑郁症状，其中包括：

★ 长期忧虑，绝望。

★ 强烈的内疚感和后悔感。

★ 感到孤立、被遗弃和无助。

★ 对生活和情感关系有一种整体的冷淡和厌倦感。

★ 失去性欲。

★ 感情麻木或平淡。

★ 失眠。

★ 缺乏激情或兴趣。

★ 抗拒寻找乐趣。

★ 不愿尝试改善关系。

★ 长期疲劳。

★ 很少饥饿或过度饥饿。

抑郁症的大多数症状都与大脑边缘系统的过度活跃直接相关。只要有足够的血清素分泌，产生缓释效果，就能消除抑郁症状。我曾欣慰地看到，成千上万的人在享用过火星人和金星人健康法则之后，无需任何药物，抑郁症状就迅速消失了。

除了男性多巴胺缺乏之外，导致很多爱情和婚姻失败的另一个主要原因就是，女性不能在情感关系中维持希望和幸福感。快速回顾一下以上的抑郁症症状就可以发现，为什么男人对女人不满意时总会发出这样一句抱怨："不管我做什么，总是不能让她高兴。"如果不能对他在情感关系中的成就有所反馈，男人就会很难保持足够的多巴胺水平，让自己充满动力，不断尝试。

只要能找到一种自然的方法，让自己每天都制造出足够的血清素，女人就可以创造出带来健康、快乐和持久爱情的大脑化学均衡。有了这一支持，她就能轻松地向他传递欣赏、认同和信任的正面讯息，激发他的多巴胺分泌，这样男人就能继续为他们的情感关系奉献出自己最好的一面。

过度肥胖和情绪化进食

很多女性会通过情绪化进食来回避或减少忧郁。她们通过暴饮暴食来抚慰因缺乏血清素而过度活跃的大脑。如果她们有幸能天生拥有更多的脂肪细胞，在不健康的饮食导致血糖时升时降时，她们就会承受体重飙升之苦。这应该说是一件好事，因为过度肥胖的女人至少还可以知道自己最终会为嘴伤身。

体重正常或略有超重的女性同样也会因为不健康的饮食而伤身，但她们并不会出现任何身体表征，知道最后疾病缠身的时候已经太晚了。癌症、心脏病、骨质疏松都不是一夜之间产生的。在症状显现之前，这些病可能就已经存在了二十多年。对身材苗条或体重略有超标的女性而言，这些疾病的早期预警就是焦虑、执迷以及低血清素的各种其他心理表现。

研究显示，所有的肥胖妇女都缺乏血清素。

大多数体重并不超标的女性也会暴饮暴食。低血清素的一个症状就是情绪化进食。情绪化进食是为了得到安慰、放松和乐观。研究显示，所有的肥胖妇女都缺乏血清素。

当你拥有健康的血清素水平时，你就不会通过吃东西来让自己愉快。你已经感觉很愉快了，你只会因为饥饿而吃东西。当你感到饥饿的时候，食物会非常美味，即使像沙拉和蔬菜等健康食品也会让你觉得非常美味。

为了制造血清素，有些女性会过度付出，还有一些会过度思虑（沉迷于事物的消极面），还有一些则是过度饮食，还有一些女性则会做上述所有的事情。事实上，大多数女性都会在情绪低落时从垃圾食品里寻求安慰。她们用不健康的食品来医治自己的情感伤痛。

使用食品来作为药物并没有错，问题是不健康的妇女总是会选择错误的食品。在大脑失衡时，你总是会渴望不健康的食品。如果你不快乐，你就会渴望吃一些能给你带来瞬间快乐的东西，吃过之后却又会备感空虚，更加不快乐。

当你的大脑化学开始达到平衡，你就会自然地食用能维持血清素分泌的食物。只要你拥有了如何促进血清素分泌的知识，你就能够逐步消除低血清素综合征的所有12种症状。

健康的早餐能让你的大脑保持平衡，并且让你只摄入健康适量的食物。如果你不吃早餐，或一整天都营养失衡，你就会失去大脑平衡，这个时候就只能运用意志力才能保持健康的饮食结构了。

有了我们的火星人和金星人健康法则，你就不需要动用意志力。如果你的早餐能喂饱你的大脑，你就可以发现大脑会为你做剩下的一切：它会毫不费力地引导你的身体去摄取健康的食品。你所需要做的就只是享受这些食物而已。

男人 来自火星 ♂ 4
女人 来自金星

The Mars and Venus Diet and Exercise Solution

第5章
内啡肽来自天堂

公众对内啡肽的普遍认识是从20世纪80年代早期才开始的。那个时候，越来越多的人开始发现，每天慢跑能让自己心情愉快、体重下降、身体健康。这一跑步风潮的最大好处就是让我们认识到，体育锻炼能极大地提高我们的愉悦程度和幸福感受。慢跑能促进内啡肽在大脑的分泌，让我们的忧虑得到迅速缓解。

内啡肽能让人感到幸福和快乐。大脑内涌起的内啡肽能让我们感到从头到脚都生机勃勃、强劲有力、活力四射。不幸的是，很多慢跑者都付出了代价，这就是在中年以后出现的膝伤、关节炎、关节痛和早衰。幸运的是，除了慢跑，还有其他方法也可以促进内啡肽的分泌。

如果你体质不错，而且你的身体结构也适合，那么慢跑或任何剧烈运动都可能会对你的身体有好处。然而，有关专家指出，只有10%的慢跑者的身体结构能够适合长达数英里的连续奔跑。

你怎么才能知道自己的身体是否适合跑步呢？我很想告诉你，如果你喜欢跑，那你就适合跑。但事实并非如此。最基本的经验就是，如果你第二天觉得腰酸腿疼，那就说明你跑得太多了。

喜剧演员杰里·宋飞（Jerry Seinfeld）为此表演过一段滑稽小品，刻画出私人教练是如何教你通过让自己精疲力竭来感觉幸福的。在你精疲力竭之后，你会觉得全身酸痛。当你抱怨说不但没有感觉更好，反而更糟的时候，他们就会告诉你，你需要增加运动。然后等到你状态好转的时候，你就再也不会感到肌肉酸痛了。杰里的回答指出了锻炼过度的滑稽和徒劳。他说："如果我必须要增加锻炼才能不浑身酸痛，那为什么不干脆就不锻炼，这样从头到尾压根儿都不会疼了呢？"

很显然，杰里并没有运动上瘾，而很多人则有。有些时候我们最喜欢的事对我们未必有益。我们可能会很喜欢跑步，因为跑步可以制造内啡肽。但是如果我们跑得太多，以至于第二天腰酸腿痛，那就是跑步上瘾了。因为跑步所产生的内啡肽消除了我们自我感知酸痛的能力。在从事跑步或任何剧烈运动的时候，你把自己伤害得越厉害，你就会感受到越多的愉悦、能量、活力和兴奋。

眼下有很多年轻人则更过分，他们在自己的身体上打孔，或在肩头上穿上铁钩，然后用起重机把自己吊起来，悬挂在四、五米高的空中。你可能认为他们会感到难以忍受的疼痛，其实他们极度兴奋。因为大脑分泌出了很多的内啡肽，痛苦很快就消失了。内啡肽是一种天然的镇痛剂。

大多数美国人都会为这些年轻人的极端行为所震惊。而居住在中国、印度和南美洲山区的那些能轻松活上一百岁的当地人对美国人的看法也同样如此。他们认为我们热衷于跑步和进健身房也是一种执迷于伤害自己的行为。在他们看来，我们是在不必要地缩短生命。

内啡肽有点令人迷惑。它会在我们做有益的事情时产生，也会在我们受到伤害时产生。当一个人中弹之后，据说压根儿不会疼。当身体受到严重伤害以后，大脑就会分泌出内啡肽，消除痛感。人们只会在中弹后的第二天感到疼痛。即使中弹能促使内啡肽分泌，也不会有人为了感觉良好而去一次一次有意饮弹！同理，运动过度对身体的伤害有多么严重，已经到了大脑会分泌出内啡肽来产生麻醉快感的地步。

内啡肽来自天堂，和天使、父母、老师一样，它会对我们的良好行为给予奖赏，也会在我们自我伤害时予以抚慰。内啡肽可能会有误导性，它与胜利、成功、欢笑、性、爱、快乐、热情和兴奋相关。它是激发我们保持动力的"胡萝卜"，让我们力求向善，努力做得更好。

锻炼、内啡肽和长寿秘诀

我们锻炼身体时，就会产生内啡肽。内啡肽是大脑所产生的一种神经递质，能帮助你减少痛苦，创造幸福、活力和舒适的感觉。当大脑开始分泌内啡肽时，我们会感觉精神振奋、活力十足、激情四溢。我们对生活充满热情，我们会感到人生更有目的，我们会感到与所有的人事都和谐一体，世界刹那间变得更有吸引力。所以说，内啡肽来自天堂。

我们很容易锻炼过度，因为大脑会分泌出额外的内啡肽，减少由肌肉紧张引起的疼痛。额外分泌出来的内啡肽会令你非常兴奋，问题是我们必须要伤害自己才能体验到这种狂喜。我们不但会在第二天感到浑身酸痛，还会让身体承受不必要的磨损。这些都会缩短我们的生命，增加年老后患病的几率。

关于磨损，汽车引擎就是一个很好的例子。一般来说，汽车引擎会有限定的里程数，也就是生命期。你可以买一辆已经出厂15年，但行程只有1万英里的老车，这就相当于买了一辆新车。或者你也可以买一辆相对新一点，但行程超过10万英里，引擎过度损耗的出租用车。二手出租车可能外表看上去挺新的，但它的引擎却磨损得快得多。

过度锻炼会让你显得像一辆新车，但却在你的引擎上计入了更长的行程。你可以用其他更好的方法保持年轻、活力和健康。人的机体本来的设计是可以有120年的寿命，世界上有好几个这样的社区，那里的居民一般都可以超过百岁，而且也很少生病。其中最著名的就是居住在巴基斯坦山区的罕萨人（Hunza），他们的生活并不舒适，也并非全无压力，每一天他们都要面临极限气候条件下的生存压力，同时也没有任何现代设施的协助。他们过着长寿健康的生活，而他们并没有用跑步来锻炼身体。他们的长寿缘于健康的富含矿物质的饮食、辛勤的劳作、规律的休息和长时间的散步。

内啡肽、压力、食物和锻炼

内啡肽是身体对抗肉体、精神和情感压力的第一道防线。当你面临压力，而你的大脑又营养充足的时候，你的大脑就会迅速分泌出额外的内啡肽，增加你的舒适感。任何层次的压力——无论是身体上、精神上还是情感上的压力——都会刺激内啡肽的分泌。来自外部世界的压力本身并不是问题，我们的大脑对压力的反应方式才是问题的所在。有了健康的大脑化学构成，压力反而会刺激我们的愉悦感受。

锻炼的时候，我们有意压迫肌肉，系统性地让自己受伤，以刺激脑部的内啡肽分泌。这正是为什么锻炼会让我们如此愉快的原因。在适度的情况下，这种压力是有益的。不断有研究显示，定期锻炼能减少由血清素不足引起的抑郁和焦虑症状，还能减少由多巴胺不足引起的多动症或注意力缺陷症。

> 定期锻炼能减少由血清素不足引起的抑郁和焦虑症状。

有研究显示，在治疗抑郁症时，每天三次、每次半小时的锻炼比处方药的效果要好上七倍。另外也有研究表明，每天三十分钟的有氧锻炼再辅以维生素补充，可以消除儿童多动症及注意力缺陷症。对个别人而言，处方药可能还是很有必要，但对数以百万计并不真正需要这些药物的人而言，常规锻炼和营养补充就足够了。

脑部高浓度的内啡肽可以制造异常愉悦的感觉，压制情感或肉体上的伤痛。在内啡肽水平较低时，人就会感到焦虑，对痛苦也更敏感，他们会嗜糖如命，通过增加血清素来提供安慰，或者会偏爱油脂食品，以制造内啡肽。有些人在缺乏内啡肽的时候就会非常想吃油腻的食品，其中最常见的就是炸薯条、奶酪、奶昔、人造奶油、黄油、炸鸡、薯片和巧克力等。在吃过高脂肪食品之后，人的情绪就会发生改变，感到更加愉快。

> 在治疗抑郁症时，每天三次、每次半小时的锻炼比处方药的效果要好上七倍。

适当的体力锻炼可以燃烧体内贮存的脂肪，提升内啡肽，产生类似的情绪改变。通过制造内啡肽，锻炼也可以控制我们对不健康的高脂肪食品的胃口。通过学会摄取大量的健康脂肪，你就可以刺激内啡肽的分泌，燃烧脂肪，减轻体重，感到身心愉快（我们将在第10章对饮食中的健康脂肪进一步论述）。

情感锻炼同样也可以制造内啡肽。数以百万计的妇女每天都在医生的协助和指导下探索自己的情绪和感情。当你回顾自己的感情，审视过去的痛苦时，就会产生内啡肽，过去的问题也就随之迎刃而解。在我的所有书中都有各种各样的刺激内啡肽分泌的情感锻炼。

The Mars and Venus Diet and Exercise Solution

心扉的信

我最喜欢使用的一个方法就是心扉的信。这个锻炼方法说到底非常简单：当你感到不愉快，想要调整心情时，你可以试着把心中的感受写出来。

摊开纸笔，给那个令你不愉快的人写一封信。只需要十到二十分钟的时间，你就会开始分泌内啡肽。不必矫饰，用笔墨宣泄出你心中的四种消极情感：愤怒、伤心、害怕、遗憾。至少花两到三分钟表达愤怒，然后再表达伤心，接下来是害怕，再然后是遗憾。由于你花了好几分钟锻炼自己的感受能力，并发泄了这些自然的有疗伤作用的情感，你的情绪就会马上缓和下来。最后，你还可以锻炼自己表达正面情绪的能力，写出你所思、所爱、所期望、所欣赏、所理解和所信任的任何事。你可以把信存起来，也可以扔掉，但是不要交给那个令你难受的人。让事情就此了结，双方重归于好。

通过医师的治疗或你自己的记录，你可以回忆和感受过去的痛苦，刺激内啡肽的产生，并再度恢复正常。

> 花上二十分钟，把你的情感在纸面上宣泄出来，几乎可以让每个人都会感觉更好。

和有些人锻炼上瘾一样，另一些人也会对情感锻炼（或是对与医师或朋友分享痛苦）上瘾。在适度的情况下，身体和情感锻炼都是有益的。但是，任何事情，一旦做得太多就不好了。当你能够找到一种更加健康的方式提升内啡肽水平时，这些上瘾倾向也就会随之消失。

内啡肽和激励

内啡肽是大脑对你运用身体、情感和心理的奖励。如果你向自己提出挑战，直面生活的压力，你就会得到大脑的奖赏。如果你不能继续成长，你的大脑就不会奖励你，也就不会制造出内啡肽。随着年岁的增长，大多数人心理、情感和身体上的痛苦都会增加。但是，如果你能过着健康的生活，并在漫长的一生中坚持全面发展和运用你的众多天赋，你的大脑就会持续不断地奖励给你内啡肽，为你制造愉悦感受。

西方社会的大多数人都受到了足够的激励，促使他们去做有益的事和自己想做的事。但是，他们还是遭遇了各种各样的上瘾症状。真正的问题并不是缺乏激励，而是缺乏营养。如果没有健康的饮食和锻炼计划，你发挥全面潜能、追求卓越的努力就会因上瘾、极度功利和感情贫乏等原因而受阻。西方人所受的教育让他们知道什么是可能的，但是他们没有足够的营养支持自己去将其变成现实，也无法让他们的生活和大脑维持均衡。

让梦想变成现实的动力刺激了内啡肽的分泌，我们会暂时性兴奋。我们会受到良师益友、模范人物、书籍、电视、电影的激励，但是效果并不会长久。我们品尝了内啡肽增加的天赐琼浆，但是，如果我们不能从食物中得到足够的营养，内啡肽的供应就会消耗殆尽，高潮之后，我们将跌入深谷。

在西方，我们站得更高，也跌得更深。甫一出生，我们就被灌输了男女生而平等的健康理念。我们都认同，人人都有大量未开发的潜能，也拥有同等的成功和快乐机会。我们相信，我们与生俱来就拥有生命、自由和追求快乐的基本权利。

这些信息在我们心中鸣响了真理的号角，激发我们去完成自己在这个世界的使命。在西方社会，我们成长于这样一种理想之下，它让我们相信，只要激发爱和善，就可以改造世界，将我们带到真理、公义、诚信的顶峰。

我们既拥有了这种创造人间天堂的潜能和动力，也具备了生活在人间炼狱的更大可能。我已经说过，因为我们站得更高，所以也更有可能跌得更深。由于飞得太高，我们耗尽了自己的内啡肽，然后应声而落。我们努力想要飞向太阳，却不小心烤坏了翅膀，从空中跌落。要维持高水平的内啡肽，我们必须要拥有足够的原材料。没有营养丰富的饮食，我们就没有了燃料，不能制造出更多的内啡肽。

当我们的内啡肽供应降低，我们就需要接受更多的刺激，以制造内啡肽。励志书籍或模范人物并不足以做到这一点。爱和改变世界的意愿不足以把我们从床上拉起来，或是帮助我们宽恕和忘却。由于我们的饮食没有提供足够的原材料，作为制造更多内啡肽的燃料，很多人都生活在饮食所致的炼狱之中。

> 很多人都生活在饮食所致的炼狱之中。

由于缺乏内啡肽，我们生活在一个缺乏时间、精力、愉悦和爱的世界。自然分泌的内啡肽能恢复生命中的充实感。内啡肽的实际化学组成有点类似于鸦片和吗啡等物质，正如人会对这些物质上瘾一样，我们也会对刺激内啡肽分泌的行为上瘾。

当我们缺乏内啡肽时，任何能激发内啡肽的行为都可能导致上瘾。任何极端行为都会刺激内啡肽的产生，我们也会因此而对那种行为上瘾。越是缺少内啡肽，我们就越容易对极端行为上瘾。

由于我们的食物没有能提供身体所需的营养，我们就会寻求更多的食物。我们可能会努力工作，但是如果还是不能制造足够的内啡肽，我们就会过度工作。我们可能会去锻炼，但是如果锻炼不能产生足够的内啡肽，我们就会过度锻炼。为了弥补我们的内啡肽不足，我们会过度从事正常的健康行为。

内啡肽和压力

当我们的大脑不能制造足够的内啡肽时，生活中的正常压力就会变得越来越难以忍受。我们不但不能应对压力，增加愉悦、信心和热情，反而会感到不同程度的身体疼痛、精神消沉或感情绝望。有了内啡肽，压力就是我们的朋友。但是由于缺乏营养饮食和常规锻炼，压力就会成为排名第一的公敌。

正因如此，内啡肽才会促使我们去过度从事正常的健康行为。让我们看看以下的例子：

★ 通过对我们的肌肉增加物理压力（运动），刺激内啡肽的分泌，消除疼痛，并暂时性地恢复身心愉悦。

★ 通过从事太多的工作（总是面临最后期限，以及长时间作业）进一步增加精神压力（尤其是男性），刺激内啡肽的分泌，暂时性地缓解精神上的压力和焦虑。

★ 女性通过在婚姻关系中过度付出，刺激内啡肽的分泌，暂时性地消除感情绝望和抑郁。

★ 通过摄取超过身体所需的食物（尤其是女性），刺激内啡肽的分泌，暂时性地体验一天中少有的平和时光，激发舒适、满足和乐观的情绪。由血清素分泌引起的诸如"我再吃一块饼干就不吃了"或"我明天就开始节食"的乐观情绪会促使她们一吃再吃。

内啡肽缺乏会导致我们过度锻炼、过度工作、过度付出、过度饮食。越是缺乏内啡肽，我们就越是需要让自己心情愉悦的刺激。如果我们严重缺乏内啡肽，就可能会伤害自己，以刺激具有镇痛作用的内啡肽的分泌。

> 在内啡肽水平较低时，生活中的正常压力就会变得越来越难以忍受。

当过度锻炼让我们从日常生活的压力中体验到安慰时，停止锻炼就会变得很困难。我们的行为越是过度，就越能刺激内啡肽的产生，一直要到第二天，我们才能意识到自己已经受到了损伤。

有了更加均衡的饮食，我们就不会如此依赖伤害性的极限行为。相反，只需要适度的锻炼、工作、付出，饮食就足以产生天堂般的内啡肽。

内啡肽和上瘾

有些人会锻炼上瘾。这听上去似乎没有什么坏处。但事实上过度运动也可能会和酗酒、过劳和暴食一样，成为摧毁我们生活、健康和婚姻关系的严重上瘾病症。为了保持健美而从事常规锻炼，为了放松而适当小酌，为了生存而努力工作，为了维持体力而摄取食物，这些都是有益的事，无可厚非。而一旦我们做得太多，它们就会成为问题。

> 上瘾倾向是内啡肽缺乏的表现。

火星人的过劳和酗酒、金星人的过度付出和暴饮暴食都是低内啡肽的典型症状。上瘾症状有很多，但是在这里我们将着重探讨这四种症状，以了解男性和女性的上瘾症状有何不同。

当男人的多巴胺水平较低时，长时间的挑战性工作就能够刺激多巴胺升高，带来能量、愉悦和清醒。这能够刺激睾丸素的产生，并继而引发内啡肽的分泌。随着睾丸素的升高，大脑就会回报以更多的内啡肽，增加男性的愉悦感受。谁能够抗拒愉悦呢？尤其是当你还能同时享受到多巴胺升高所带来的无尽能量时？内啡肽升高就是这样导致了工作上瘾。

同样的情形也发生在某些饮酒的男性身上。由于独特的基因构成，他们的身体能将酒精转化成为多巴胺。在这种情况下，如果他缺乏多巴胺，即使只是小饮一杯也会令多巴胺升高，让他感到精力十足。

随着多巴胺的上升，睾丸素水平也会随之上升，大脑就回报他更多的内啡肽。他会突然感到前所未有的生机，他必须要再来上一杯。遗憾的是，酒精过量会损害肝脏、过度刺激大脑，导致诸多不受欢迎的副作用。

当女性的血清素水平太低时，为他人付出会刺激血清素升高，带来舒适、满足和乐观的感受。这种付出会刺激催产素的分泌，并继而引发内啡肽的分泌。

在金星上，大脑会随着催产素的增加回报以更多的内啡肽。这些内啡肽能提升女性的愉悦感。谁能够抗拒愉悦呢？尤其是当你还能同时享受到血清素升高所带来的无尽的爱时。内啡肽升高就是这样导致了奉献上瘾。

当女人的血清素水平较低时，摄取超出身体所需的食物就能提升血清素水平。有了更强的宁静、满足和乐观感觉，女性就更能细心呵护自己。女性会通过情绪化进食来抚慰和营养自己，这种方法能提升催产素水平，大脑也会对此报以更多的内啡肽。这种感觉好到令人欲罢不能，导致她对内啡肽以及食物开始上瘾。

无论你的大脑是出于回报你的良好目的，还是为了保护你、让你免受过度锻炼的伤害，只要你的内啡肽水平原本比较低，这种突然的内啡肽增加就会导致上瘾。无论是什么，只要它能刺激你的内啡肽上瘾，就会成为你的新毒品。

内啡肽、百忧解和皮质醇

数百万美国人在无法承受低内啡肽引起的压力时，没有采取上瘾行为或服用非法药品，而是请医生为自己出具处方，服用合法的药物。使用处方药和嗑食街头毒品只不过是五十步和一百步之差而已。LSD、PCP及其他致幻类毒品都能刺激血清素分泌。在PCP被政府禁止之前，曾经被当作合法处方药长达七年之久。现在则被美国食品药品监督管理局（FDA）视为最危险的街头毒品之一。

研究显示，百忧解及类似促进血清素分泌的精神活性药物实际上会抑制松果体维持自然健康的血清素水平。因此，除了一系列令人不舒服的副作用之外，处方药其实还会破坏你的大脑功能。

除酒精和违禁药品之外，处方药也会损伤肝脏。肝脏是人体最大的也是最重要的器官，肝脏的健康运作对于将氨基酸转化成为健康的大脑化学物质至关重要。

如果这些还不足以引起警惕，以下还有更多的证据。皮质醇是肾上腺在应对压力时分泌出来的一种荷尔蒙，又称压力荷尔蒙。当我们面临重大压力的时候，皮质醇会自动升高。高水平的皮质醇会在紧急时刻给予我们额外的精力和专注度。

项目延误、上班迟到、交通堵塞、家庭纠纷、财政忧虑或体力工作等等都会引起皮质醇的过度释放。而皮质醇的过度释放则会加速肌肉组织的损伤，产生其他遍及全身的副作用。

内啡肽的分泌不仅能让我们感到放松、快乐、愉悦，还可以快速降低压力水平。这种压力水平的降低可以通过皮质醇水平的降低测量出来。没有内啡肽来降低皮质醇，我们的身体就会生活在恒久的炼狱之中。

人在服用刺激血清素分泌的处方药之后，皮质醇水平就会升高。他们可能会自我感觉还不错，但是他们的身体却长期处于高度紧张的状态之中。这大概就是这些药物会产生某些副作用的原因。

皮质醇升高会引起血压升高、体重增加、无法重建肌肉、肥胖、糖尿病、疲劳、抑郁、情绪反复以及性欲减退等状况。

过去十年，肥胖已经成为了美国的头号杀手。体重增加也是过去五年糖尿病患者史无前例增多的基本原因。这些疾病都与皮质醇的升高有关。

任何人在考虑使用长期疗法治疗抑郁症或采取服用精神活性药物的极端手段之前，都应该先雇请一名私人教练，帮助自己以恰当的方式进行锻炼。有规律的锻炼能激发内啡肽，大大降低皮质醇的分泌，远远胜过可能会对你的大脑和机体带来损伤的处方药。

如果你正在服用药物，那就要特别小心。有很多其他的自然方法能帮助你的机体自我修复服用药物所造成的伤害性影响。但是，停止使用处方药比继续使用会产生更多的副作用，你需要在医师的监督之下停止用药，他会告诉你可能出现的副作用，并随时监督你的症状变化。我将在第12章具体探讨放弃用药的过程。

无论你的症状是严重到了必须依赖合法或非法药物，还是只是依赖上瘾性行为，你都可以从根源着手解决问题。不要只治标，还要治本。你的大脑已经建立起了一套设计完美的通过制造内啡肽减压的荷尔蒙工厂，只需对自己的饮食和健身计划作出小小的但却是极为重要的改变，你就可以每天都制造出来自天堂的内啡肽了。

男人来自火星
♂4
女人来自金星

The Mars and Venus Diet and Exercise Solution

第6章
欲望的荷尔蒙，爱的荷尔蒙

多巴胺赋予我们清醒、能量和动力；血清素赋予我们抚慰、满足和乐观；内啡肽能增加我们的愉悦感受，帮助我们有效应对压力。

人体内的荷尔蒙上升到健康水平时，大脑就会回报给你内啡肽。对火星人而言，这种荷尔蒙就是睾丸素；对金星人则是催产素。一旦对这种独特的生物化学差异有了细致的了解，我们就能理解为什么男女之间在行为和反应方式上有如此大的不同。

当男性被保护和服务他人的欲望激励时，睾丸素就会升高。保护和服务的欲望是存在于每个男性DNA中的动力因素，正是它在刺激着睾丸素的分泌。

睾丸素是欲望的荷尔蒙，催产素则是爱的荷尔蒙。即使一个男人心中并没有爱，只要他还有保护和服务他人的欲望，他的睾丸素就会增加，多巴胺水平也会上升。

男性相互竞争、击败对手、胜者为王的时候，多巴胺和睾丸素的升高会激发他的愉悦感。竞争常见于运动场上，同时也主宰着办公室的规则。女性置身其中，她就不会像男性那样产生出相同的荷尔蒙，她的血清素和催产素水平会下降，幸福感也会随之下降。

无论男人还是男孩，只要睾丸素水平上升，大脑就会回报更多的内啡肽，压力也会随之下降。很多男人在身处如火如荼的战斗中反而会感到更加放松、更加精力充沛，原因就在于此。

男性感到自己在保护或服务他人时，他们体内的快乐荷尔蒙睾丸素就会上升。即使他们事实上是在犯罪甚至杀人，只要他们自认为是在为世界铲除危险，他们的睾丸素就会上升，并伴以自豪和快乐的感觉。

睾丸素和多巴胺相互作用，睾丸素升高能刺激多巴胺分泌，多巴胺的升高又反过来可以刺激睾丸素的分泌。

男人多巴胺太低，大脑常常会处于一种混沌状态。多巴胺水平升高可以带来清晰的思路和专注的行为，同时也可以平衡他总是过高的血清素水平。

多巴胺会集中注意力，血清素则会分散注意力，让人吸收和记忆更多的信息。多巴胺能刺激和控制整个大脑的前额叶皮质。有了正常的多巴胺水平，男人就有了活力。

女人血清素较低时，她的注意力就会过度分散，这时她需要吸收很多的信息来刺激血清素的分泌。太过细心会让她的大脑负荷太高，无能力认清现状或作出决策。具有讽刺意味的是，信息越多，她的犹疑感反而会越高。通过更能刺激催产素的行为，分泌更多的血清素，她可以更加放松。这时她才能暂时地避免大脑过多地摄入信息。

当男人多巴胺较低时，就会只专注于一件事，以此刺激多巴胺的分泌。

一个男孩如果缺乏多巴胺，就可能会在听老师讲课时大梦周公，打电子游戏时却生龙活虎。这是因为他的行动得到了反馈。这种能刺激睾丸素的活动能激发更多的多巴胺，因此会让他突然之间活力四射、全神贯注。

一个女孩如果缺乏血清素，就会总是想要取悦他人，对每个人的想法都过分在意，但是如果有人能以非常体贴的方式关心她，她就会发生转变，变得更加从容放松。拥有一个好朋友对女孩子非常重要。分享秘密是一种非常亲近的行为，能刺激催产素的分泌，进而产生大量的血清素。

女人的快乐感与其催产素水平直接相关。当女人和儿童打交道时，你会看见她的脸瞬间就明亮起来。她脸上的光彩来自催产素的升高。在她吃巧克力、得到赞美或是得到拥抱和按摩的时候，脸上也会有同样的光彩。这些活动有什么共同之处呢？它们都能刺激她体内的催产素升高。巧克力能刺激她的血清素，只要血清素升高，她的催产素也会随着升高。拥抱和按摩则能刺激到女性的皮肤和皮肤表层下的脂肪，从而直接刺激催产素的分泌。这种刺激源自于按摩或是充满感情但却与性无关的抚触。女人每天需要好几次这样的抚触。

得到赞美能增加女人的血清素，并进而提升她的催产素。当一个人以爱护或友善的态度对待女人时，她就会受到鼓励，并报之以同样的爱护。只要女人能收到一点点感情的讯号，她就会感到安全，愿意回报以关心和分享。催产素的升高释放出女人脑部的快乐荷尔蒙内啡肽，帮助她将压力的影响减到最小。

拥抱和按摩能直接刺激催产素的分泌。

在荷尔蒙均衡这一点上，男性和女性最大的不同就是：低睾丸素是男性压力的主要来源，低催产素则是女性压力的主要来源。这种差别使得男性更多地以工作为中心，而女性则更加以情感为中心。

当代研究者尚未对这一差别加以研究，但是，一旦你了解了不同荷尔蒙和神经递质所引起的精神和情感症状，一切就都显而易见了。

火星人抑郁的六个阶段

从统计数据来看，女性患抑郁症的几率是男性的三倍，患季节性抑郁症的几率则是男性的四倍。寻求咨询的人90％都是女性。这些数据显得好像女性更容易抑郁，而事实却是，男性和女性一样，容易患上抑郁症，只不过男性的表现方式不同而已。

当男人回到家，家里面没有风险、危机、争斗、竞争和挑战的密集刺激，男人的精力就会在几分钟之内下降，感到非常疲惫。这种精力不济其实就是男人意志消沉的第一阶段。这种情况和多动症或注意力缺陷的儿童类似，如他们在听讲的时候无法保持专注，他们一到教室就变得疲惫、厌倦、动个不停。男人在工作完一天被迫听妻子说话的时候也会发生这样的变化。

让我们来看看与男性精神抑郁相关的六种主要情绪变化及其生物化学诱因。要记住，这些变化可以通过饮食和锻炼计划加以纠正。我们只是泛泛而论，这些变化不可能对所有男人和男孩都一样。这六大阶段分别是：

1. 多巴胺水平下降。

筋疲力尽、无动于衷阶段。他感到疲惫，无精打采。

2. 多巴胺水平较低，血清素水平升高。

心不在焉阶段。他努力想做一个合格的爱侣，但是却难以集中注意力。他会健忘或迷惑，但他总体感到乐观和满意。

3. 血清素水平上升，睾丸素水平下降。

厌倦阶段。失去专注或兴趣，变得很容易厌倦，总是坐立不安。

4. 脑部分泌出一种会溶解内啡肽的酶。

抵抗阶段。他感到恼火、急躁，乃至最终开始发怒。

5. 多巴胺水平仍然很低，血清素水平下降，睾丸素水平增加。

反叛阶段。他开始我行我素，惘顾权威，拒绝合作，很少在乎自己的行为会对其他人产生什么影响。

6. 多巴胺水平升高，血清素水平偏低，睾丸素水平升高，分泌出内啡肽。

劣迹阶段。他明显地我行我素，想干什么就干什么，尤其是破坏性的事情。通过干这些事，他的快乐感增加，卑劣、残酷和犯罪性的行为在他的头脑中都会被视为正当的。

大部分男人回家以后都处于前两个阶段。在第一个阶段，由于一天的辛劳，他们甚至都不知道自己抑郁。他们只会认为这种精力不足的状态很正常，全然不知这其实与他们白天的工作毫无关系，反倒与他们的饮食和锻炼大有关系。这种精力不足是由多巴胺不足引起的。

在第二阶段，一想到回家后可爱的家庭、深情的伴侣、喜欢的电视节目乃至可爱的小狗，男人的血清素水平就会上升。他也因此而体验到一种真正的满足、惬意和舒适的感觉。在这个阶段，他仍然抑郁，但自己仍不知道。他认为工作一天后觉得没有精神很正常，而且他打心眼里对自己和妻子都很满意。尽管他精力消退，但他并不会去寻求帮助，因为他对生活总体来说是满意的。对他而言压根儿没有任何问题。有人把这种状态称为拒绝面对现实，其他人则称其为无知的喜悦。

他一回到家，就会心不在焉、无所事事。没有了工作的刺激，他完全不知如何自处。如果是已婚，他会忘记做平常该做的事；如果是单身，他就会认为自己生活中并不需要更多的爱，并接受现状。

在抑郁的第三个阶段，他会变得厌倦和坐立不安。这同样也不会被视为抑郁，因为有一个简单的方法可以缓释这一症状。他可以通过看电视、读报纸或沉迷于一些无意识的行为，来让自己轻松平静下来。他还可能会喝上一瓶啤酒。

> 理解男人在家时的低多巴胺和高血清素典型症状，我们就会对"无知者无忧"这句古话有全新的理解。

上瘾行为就是在这一阶段开始形成的。通过让自己保持过度刺激，他可以避免厌倦和坐立不安的情形出现。健康的上瘾，比如个人爱好，甚至可以帮助他避免向抑郁的第四个阶段发展，但这并不是最好的方法。

在低多巴胺、高血清素和低睾丸素的情况下，男人不但不会有参与家庭事务的动力，反而会因为太过满足、宽慰和乐观而成为一个热衷电视的沙发土豆。他在结束了漫长而辛苦的一天之后悠闲地坐在电视机前，因为他的血清素水平还很正常，他会感到非常放松和享受，但却失去了享受活跃的家庭生活的愉悦。

在他的妻子要求他提供帮助时，他会觉得不甚其烦，甚至有些抗拒。没有足够的多巴胺，他就不会有精力作出自己想作出的回应。他当然想帮忙，但却没有精力。女人通常并不能理解这一点。这是因为女人只有在忧郁到了极点，觉得很不快乐、怨气十足或是漠不关心时才会出现低多巴胺症状。

在女人忧郁的时候，她们的症状和男人的早期症状恰恰相反。和男人难以从沙发上站起来一样，女人很难坐下来，让自己缓一口气。他不能理解为什么她会觉得这么心烦意乱，不堪重负。她之所以烦，是因为他看起来是这么的漠不关心、悠然自得、爱动不动。他的反应是放松，不要着急，高兴一点；她的反应则是风风火火，马上解决所有问题。他对家务琐事的态度是"我们可以明天再做";她的态度则是马上就做,否则永远也做不了。

> 和男人很难从沙发上站起来一样,忧郁的女人很难坐下来,让自己缓一口气。

由于多巴胺太低,男人觉得自己的精力总是有限,因此,在他看来,除非万不得已,他不会做任何事,这不仅会让他的妻子大为光火,也让他自己感觉越来越糟。在第三阶段,他会觉得心生厌倦,坐立不安,必须要做点什么来刺激睾丸素的分泌,否则他就会滑入第四阶段——脾气暴躁,容易发怒。

男人可以打开电视,看一场足球比赛。研究显示,坐下来看场足球比赛、任何对抗性运动或动作电影都可以提高男人的睾丸素水平,让他平静下来,将他带回第二个阶段——没精打采,但快乐充实。

如果他不能从第三阶段回到第二阶段,他就会难以避免地滑入第四阶段。这个时候,夫妻或伴侣就会开始争执、对抗,慢慢失去爱、友善和柔情的感受。如果夫妻双方都没有认识到冷静片刻的重要性,事情就会愈演愈烈。他会进入第五阶段,开始用一种冷漠无情的方式进行争执。而如果这也不奏效(除非他们能停止交谈,而他则冷静片刻,让自己的大脑化学物质恢复平衡),那他就会最终进入到第六阶段,变得劣迹斑斑。这也是发生家庭暴力的阶段。

金星人抑郁的六个阶段

女性在荷尔蒙发生改变时也会经历几个不同的抑郁阶段。让我们来看看与女性精神抑郁相关的六种主要情绪变化及其生物化学诱因。要记住，每个女人都不一样，这些只是一个大概模式而已。令人欣慰的是，无论女性的大脑发生什么样的化学变化，都可以通过均衡的饮食和锻炼得以解决。

1. 血清素水平下降。

焦虑阶段。她感到焦虑，总是觉得时间、食物或得到的支持不足。

2. 血清素水平较低，多巴胺水平升高。

不堪重负阶段。她越来越多地感受到包揽一切的责任，觉得压力重重，不堪重负。

3. 多巴胺水平上升，催产素水平下降。

负疚和责任阶段。她为自己不愿意付出更多感到内疚，她会惘顾自己的需要，出于责任感而付出更多。

4. 脑部分泌出一种酶，溶解内啡肽。

怨气流感阶段。由于她觉得自己全包全揽，没有人帮助自己，她变得吹毛求疵、颐指气使、怨气十足。她觉得没有人感激自己，于是开始减少付出。

5. 血清素水平仍然很低，多巴胺水平下降，催产素水平增加。

筋疲力尽阶段。现在，她不再觉得有责任表现良好和继续付出，开始迅速跌入一种筋疲力尽和无动于衷的状态。

6. 血清素水平升高，多巴胺水平偏低，催产素水平升高，分泌出内啡肽。

丧失自尊阶段。这会导致失去控制、暴饮暴食、自我虐待或甘于被虐待。

大多数女性都处于前两个阶段。在第一阶段，女性对自己和他人都过分焦虑。她过分关注其他人的看法，总是感到不满足或是焦虑。她可能已经习惯于这种状态，以至于压根不知道放松身心、毫不焦虑是怎么一回事。她错误地以为，自己无法放松是因为有太多的事情要操心。她把自己的焦虑归咎于压力，而没有意识到，即使是麻烦缠身，每个人也都具备放松身心的内在潜力。问题是无法回避的，但焦虑可以。

在第二阶段，她会觉得有太多的事情要做，但是却没有足够的时间或能力，因此会觉得不堪重负。她会因为多巴胺升高而感觉到紧迫和动力，但是却缺乏血清素带来的乐观、满足和宽慰。这是女性最常见的状态。在这种状态下，女性能敏锐地察觉出生活中的问题，也能够积极地加以改善。这正是为什么寻求心理咨询的女性比男性多的原因。

> 几乎所有没有使用药物的女性都会觉得不堪重负，总是有太多的事要做，但是却没有足够的时间。

进入第二阶段后，最终会导致进入第三阶段。随着多巴胺水平的升高，她的催产素水平开始下降。这时，她不再愿意自动付出，而是开始牺牲自己，以一种尽义务的方式或者是期待自己能得到回报的方式付出。这种模式容易发生在老夫老妻的婚姻关系中。她付出，再付出，直到进入第四阶段，她开始感染上怨气流感。

当女人注意到自己出于义务在付出或是她开始斤斤计较时，就敲响了怨气流感的警钟。如果你一直要在有附加条件下才付出，那么你就会越来越充满怨气。这时候，你应该稍事休整，只为自己付出。除非你自己回头，否则你就会一路下滑，堕入怨气冲天、疲惫不堪，直至失去自尊的境地。

依据营养缺乏的程度不同，在不同阶段之间转换的鲜明性也会或多或少有所不同，有的人会很快从一个阶段跳跃到另一个阶段，有的人则是缓慢演变。了解这一点能有助于你理解自己的情绪，通过为自己提供所需的支持来控制自己的情绪。

有了对火星人和金星人的全新洞察，就可以避免后几个阶段的出现。通过运用火星人和金星人的健康法则，男人和女人都能够从更加积极的角度理解自己的情感关系，避免出现后几个阶段的抑郁症状。

有了这一认识，变幻的情绪也会和自然界的天气一样，更加具备可预测性和理解性。你会更有动力对自己的饮食和锻炼习惯作出调整。在细雨霏霏或大雨滂沱的时候，你才会意识到并不是伴侣的错。

你不但不会觉得无力改变，反而会意识到，改变的力量就把握在你手中。在积极的裨益来临时，你可以认识到它们，并理解其发生的缘由。这一点反馈对于你每天早上坚持火星人和金星人计划非常重要。

《 廊桥遗梦 》

我最喜欢用一个例子来说明睾丸素降低会造成男性内啡肽减少，却对女性没有影响，这个例子来自我一次看电影的经历。

一个星期天的下午，我带妻子邦妮去看《廊桥遗梦》，这是一部言情片。作为性别差异研究专家，我认为既然数百万女人都读过这本书，那么我也至少应该看看这部电影，而且我也知道这会让我的妻子非常高兴。电影院座无虚席，密密麻麻坐满了女人，除我以外，另外还有两个男人。电影开场才几分钟，就听见一片悉悉嗦嗦的声音，这是女人们打开手提袋在找纸巾。有些人由于预料到自己后面会哭，所以已经开始哭了起来。对电影院里的女人们来说，这部电影俨然就是一场爱的盛筵。

我本来也是兴致盎然。伊斯特伍德毕竟也算是火星人中的佼佼者，而且一贯以硬汉形象著称。他怎么也不会让我们这些火星兄弟失望吧。电影开始才五分钟，我就开始感到疲惫，而我在进场的时候还神采奕奕。这部电影没有打斗场面，一直不停地说话，看着看着我就筋疲力尽了，眼皮变得越来越沉重。我觉得有点不可思议。我环顾四周，发现所有的女人都全神贯注，正襟危坐。脸上的表情和男人看动作电影的时候一模一样。

对这些女人来说，精彩场面正层出不穷。她们正在揣测他会说些什么？她又会怎么回答？她会怎么想？他又会怎么想？她的丈夫会怎么想？她对她的丈夫有什么感觉？她会离开自己的丈夫吗？伊斯特伍德会为她留下吗？他会最终安定下来吗？她怕的是什么？他是否惧怕紧密？她能医治他受伤的心灵吗？她之前的生活是什么样的？他离开后她的生活又会是什么样？如果他们接吻，对她的婚姻会有什么影响？他想不想吻她？他是否会采取主动，还是她会采取主动？这些悬念、兴奋、一切的一切……我看了看另外两个男人，他们也睡着了。

> 看一部没有打斗场景，一直不停地说话的电影会让一个男人筋疲力尽。

对女人来说这部电影无比精彩，对男人来说却索然无味。后来，我努力挣扎着想保持清醒，突然间我恢复了精神。就好像是刚吃了一个冰淇淋或是喝了一杯浓咖啡，我的精神又全部回来了。发生了什么事？荧屏上终于出现了一点什么，伊斯特伍德驾驶着他的卡车，驶上了廊桥。但是接下来什么也没有发生，于是疲惫感又再度袭来。

一次讨论会上，在我讲完这个故事之后，一个男人走了上来。他告诉我，他也有同样的经历，不过还有一点，"在我看到伊斯特伍德钻进卡车的时候，我也马上振作起来。但是等他到了廊桥的时候，居然没有把它给炸了。"

所有的人哄堂大笑，我完全理解他的说法。

在影片结尾，伊斯特伍德钻进卡车，驶向夕阳，这时我的瞌睡马上就没有了。环顾四周，我看见女人们还在抽纸巾，我的妻子脸上焕发出催产素的光辉。一得到机会离开电影院，坐上我的汽车，我的睾丸素水平就恢复了。有了我妻子脸上焕发的催产素光辉，加上我体内升起的睾丸素，那天我们度过了一个非常愉快的夜晚。

看《廊桥遗梦》睡大觉就是一个很好的例子，证明在催产素、血清素升高和睾丸素水平降低的时候，男人如何会失去活力，而女人却不会。动作电影能刺激男人的多巴胺和睾丸素，而充满对话、关心和分享的电影则会刺激女人的血清素和催产素。当电影同时具备这两种元素时，男人和女人就都会受到吸引。

如果一个男人的睾丸素水平再高一点，他就不会在看《廊桥遗梦》时呼呼大睡。多年以后，在我的多巴胺和睾丸素水平恢复正常之后，我很容易就能欣赏这种电影，享受整个过程的每一分钟了。

购物中心的凳子

催产素升高和睾丸素相对较低让女人活力十足，对男人却恰恰相反。另一个例子来自我逛商场的体验。男人在购物时会非常有目的性。如果要买短裤，他们就会在最短的时间内拿了短裤就走人。如果他们的目标是找短裤，他们就不会想到去搭配衬衫和鞋子。这种专注力能极大地刺激睾丸素分泌。女人逛商场的时候却不一样，她们本来是要买一种东西，但是却会同时买上各种各样的其他东西。她们不仅会为自己搜寻和发现更多的东西，而且还会为其他人也买上一大堆。

在日常生活中，如果我的妻子不太忙，她就会像逛商场一样悠闲放松。用一种关心和分享的态度思考能产生健康的催产素，增加悠闲程度。如果我跟她一起去购物，只需要二十分钟，我就会受不了，她精神奕奕，我却筋疲力尽。只要在她试衣服的时候，店里能有一个凳子给我坐，我就会异常欣喜。

这里有个很大的差别。女装店设有给丈夫坐的椅子，而男装店却没有给女人坐的椅子。这是因为，在丈夫试衣服的时候，女人根本不需要坐。一想到他穿了一件新衣服，她就会特别兴奋，提升了她的能量和快乐程度。

> 男人在和女人逛上二十分钟商场后就会筋疲力尽，而女人却容光焕发。

买东西，尤其是帮别人买东西，能刺激女性催产素的分泌。当男人和妻子一起购物以及为妻子买东西时，他会感到非常疲惫，因为他的睾丸素降低，导致了多巴胺降低。当女人和丈夫一起购物以及为丈夫买东西时，她就不会感到累。她的催产素会升高，大脑回馈她以内啡肽，而由于她的睾丸素水平很低，所以不会抵消这种快乐。

催产素和持久的浪漫爱情

营造浪漫是平衡荷尔蒙最有力的手段之一；催产素是产生持久浪漫的关键因素。女人如果有压力，就不会有浪漫的心情。男人和女人的一个很大差别是：男人可以把身体的亲密接触当作减压的一种方式；而女人则只有在压力缓解后才会有亲密接触的心情。要让男人感到吸引和欲望，不一定非得先有爱。爱可以增强亲密的体验，但并不是必需的。对女性而言，必须要有爱的荷尔蒙——催产素，才能建筑起浪漫的小屋。

要让爱情茁壮成长，女人必须要感到自己很特殊。仅仅知道危急关头男人会为她付出生命是不够的。每一天的日常生活琐事中，她都需要接收到自己很特殊的信息。我总结出了一套解决方案，以帮助男人集中注意力，满足女人的这些重要需求，在《男人来自火星，女人来自金星》一书中，我对此进行了更加全面的解释。即使你之前读过这本书，现在也可以再读一次。在你吸收了本书中的最新见解之后，《男人来自火星，女人来自金星》这本书中的每句话又会呈现出全新的意义。以下是《男人来自火星，女人来自金星》中关于爱情的一个概要总结：

女人需要确信自己对于男人而言仍然是特别的。在关系之初，男人会狂热地让她知道她很特别。一旦这一信息成功地传递给了她之后，他就会错误地认为自己不需要再向她作出类似表示了。事实远非如此。

随着她的年龄增长，在经历过难以避免的感情起落之后，她更加需要确信，经过这么些年，她的伴侣仍然还爱着她。

男人则认为，既然没有必要每天都告诉她自己姓甚名谁，因此，为什么女人就不能记住他爱她呢？

知道他姓甚名谁和确信他爱她根本就是两回事。这就像想象和她做爱与实际做爱是两回事一样。同样，要真正开口说"我爱你"才能激发她的催产素反应。这样的反应每天都应该有很多次。

在她的面前，运用你的头脑和身体，向她展示这三种爱：

1. 关心。

2. 理解。

3. 尊重。

这是三把具有魔力的钥匙。第四把魔力钥匙就是：做很多琐碎的小事，而不是每个星期或每个月才大肆表现一回。要创造持久的浪漫爱情，你一定要从细微处表现出你对她的关心、理解和尊重。从小处着眼，而不是总盯着大事。

在女人的小算盘里，每一个爱的举动都是等值的。如果你送给她一打玫瑰，你会得1分；如果你只送给她一朵玫瑰，你同样也会得1分。不要一次送一打玫瑰，而是每次送一朵，一共送十二次。然后你再算算。对了——你会得到12分。而你其实只花费了得1分的成本。

这个例子刻画出了浪漫爱情的所有秘密——持之以恒地从小事做起。如果不用她提醒你就知道倒垃圾，那你还能得到额外的奖励。

点燃浪漫的篝火

从细微处营造浪漫就像点篝火，你不能一上来就烧大木头，你必须要有一点纸片，然后加引火柴，最后才是大块的木头。在两人的关系刚开始的时候，我们会很自然地从纸片和引火柴开始。在放进大块木柴之后，我们就停下来了。这些大木柴就是承诺、忠实和婚姻。

要让婚姻关系保持激情，我们需要每天都从纸片和引火柴开始。以下是如何维持女性催产素水平的例子：

★早上起床时，给她一个问候拥抱；离开家上班时，给她一个告别拥抱；回到家时，第一件事就是叫她，给她一个拥抱；上床睡觉之前，永远要记得给她一个拥抱。尽管拥抱对男人来说只不过是引火柴而已，但它们却和大木料一样重要。

主动拥抱对方也是一种能提升催产素的方法。如果他不记得拥抱她，那她也可以主动去拥抱他。

★用一种关心和感兴趣的方式询问她一天的情况。即使你对所有的细节并不太感兴趣（没有男人会感兴趣），但是你的专注让她知道，你在乎她，关心她快乐与否。记住，她诉苦的时候，只需要聆听，她并没有叫你帮她解决问题。

如果她的伴侣没有主动询问她，聪明的女人就应该主动开始谈话。不要去问他问题，直接告诉他自己这一天的情况。

★ 任何时候，只要有可能，主动提出帮忙。当男人能真正地在女人面前运用自己的肌肉、时间和精力来保护她或满足她的需要时，他就能极大地刺激她的血清素和催产素。

★ 下班回家以后，每个星期至少要拿出三次的时间，每次二十分钟，和她共度一段高质量的时光。

尽量告诉她一些你这一天所发生的事，让她觉得自己被容纳进了你的生活。女人想要男人对她自己一天的活动感兴趣，但同时也想要感觉自己被容纳进了他的生活。

在他回家以后，她与他进行的第一轮信息交换最好要积极正面。如果她想抱怨什么，最好等稍晚一点再说。第一印象会给他留下最深的印象。

★ 每天至少要夸奖她一次。能多夸奖几次更好。如果她剪了个新发型，一定要表扬。如果她穿了件新衣服或是换了一种搭配方法，一定要注意到，并肯定她看起来很棒。

★ 任何时候，只要有机会，都要充满感情而不是性含意地抚触她。这会让她分泌出大量的催产素。

她并不一定非要等待他的爱抚，她也可以主动地充满感情地爱抚他，他会非常喜欢，并对她投桃报李。

在女人没有受到足够的血清素刺激时，她就会因为没有得到回报而觉得自己付出太多、不公平。当她觉得没有动力去付出，而不是抱怨或提出更多要求时，尽量用她的语言来说话。只要你向她付出，她就肯定会回报你。随着她的血清素升高，她就会快乐起来，再次为你付出更多。

林中木屋

女人想到回家后，有一个男人能帮助她卸下一整天的压力，心中就会充满感激。她白天从事了太多催生睾丸素的活动，催产素已下降到了最低点，充满爱意的情感支持能增加她的血清素和催产素，为她平添助力。对女人来说，最有益的减压活动就是浪漫的情事。浪漫的情事并不是指"让我们上床去"。在女人看来，男人在饭后帮忙洗碗就是一件很浪漫的事。你关心她的任何细微小事都是点燃浪漫篝火的引火柴。

尽管细微之处的支持是点燃浪漫篝火的引火柴，要让篝火继续熊熊燃烧下去，你还是需要大块的木柴，大块木柴是指浪漫的约会和度假，它们对于浪漫爱情的滋长非常重要。

在浪漫约会或度假的时候，男人会为女人提供保护和服务，女人会从中感到她很特别，这更刺激了她的血清素升高，让她倍感满足和宽慰。这样一来她就更乐意付出自己，推动催产素的升高，不知不觉，她的激情也就会被慢慢点燃。

在这种特殊时刻，男人应该承担更多的多巴胺和睾丸素活动，而女人则应承担血清素和催产素活动。下面这个例子就是用来说明这一点的。

设想一下，你们去森林里过一个浪漫假期。你和爱侣坐在小木屋里，夕阳西下，木屋外漆黑一片，阒无人声。木屋内壁火熊熊，你们都期待着一个浪漫的夜晚。这时，你们听到了一个声音。这声音听上去有点恐怖，天色已晚，你们独自在森林之中。这可能是一头逡巡的大黑熊，也可能是不请自来的盗贼。突然又响了一声，不过这次的声音比上次还大。你们都意识到，总得有人要出去看看是怎么回事。

设想一下，如果男人这么说："亲爱的，我很害怕。你可不可以出去看看是什么在响？我就坐在电话机旁，如果你大声呼叫或是很久不回来，我就打电话求救。"

女人走出去查看是什么在响。结果发现是只小浣熊掉进了垃圾桶。等她回到木屋，告诉他没什么问题的时候，他说："外面这么黑，你还敢出去，你真是太好了。我还是有点害怕，你可不可以抱我一会儿？"

当她抱着他的时候，她心中是一种什么样的感觉呢？她会突然对他产生保护之心（火星人）和母性（金星人）。她会分泌出大量的睾丸素和催产素，但是她的血清素会很低，因为在面临危险的时候，她发现自己没有人可依靠。独自冒险出去提升了她的多巴胺，但却降低了她的血清素。她还会觉得这是个浪漫的夜晚吗？恐怕不会。她当然会感觉到爱，但这并不是浪漫。

让我们把例子颠倒过来看看。外面漆黑一片，突然听到了一个声音，她说："亲爱的，我很害怕。你可不可以出去看看是什么在响？我就坐在电话机旁，如果你大声呼叫或是很久不回来了，我就打电话求救。"

他走出去查看是什么在响。结果发现是只小浣熊掉进了垃圾桶。如果他足够明智，就会再待一会儿，确认自己的推测正确。等他回到木屋，告诉她没什么问题的时候，她说："外面这么黑，你还敢出去，你真是太好了。我还是有点害怕，你可不可以抱我一会儿？"

现在，他抱着她。你认为今天晚上接下来会发生什么呢？他们肯定会度过一个最浪漫的夜晚。

为什么呢？因为这个时候产生了浪漫荷尔蒙。通过走出木屋去保护她和为她效劳，他的睾丸素和多巴胺直线上升。通过为她冒生命危险，他体验到了多巴胺的升高（能量、力量和愉悦）。通过信任和依赖他，她的血清素开始上升。这种信任和安慰的增加使得她肯定会慷慨地为他付出。于是她的催产素也会升高，她的心扉将进一步敞开。

现在，让我们再增加一个因素。假设他的脚扭了，不能出去。只要他没有要求她抱他一会儿，他能出去就一定会出去这个事实也能刺激他的睾丸素和她的血清素。在她回到小木屋以后，如果她还在发抖，而他能够聆听她并抱着她，也能够激发出正确的荷尔蒙。这个时候，她觉得他在尽一切所能帮助她。只要男人不是过分依赖，女性的血清素和催产素就可以增加。

让激情之火熊熊燃烧

要让激情之火在伴侣的体内熊熊燃烧，男人需要负起责任，确保伴侣能得到自己所需要的支持。如果男人忘记了承担这个工作，女人就不应该等待。她应该像在工作中一样，主动承担责任，不过这个时候，她所负的责任是把责任分配给他。也就是说，她需要向他提出要求，让他坚持下去，完成自己的任务。

在提出类似要求的时候，她一定要明确：抱怨自己不快乐或是他不够浪漫只会无济于事。她不能说："拿点浪漫的东西让我惊喜吧。"相反，她应该以最简洁的语言明确地提出自己的要求。

比如，她可以说："让我们下个周末一起出去玩玩。我刚好有时间，我在你的日历上发现你也正好没什么安排。我想去纳帕山谷的阳光客栈，我喜欢那里的餐厅。我们可以在那里吃饭，第二天可以去镇上吃。你想不想订个房间？"

女人越明确就越能激励男人。

当今时代的女人都急切地渴望浪漫，因为在以睾丸素为中心的环境中工作，降低了她们的金星人荷尔蒙。浪漫爱情能增加血清素和催产素，进而增加她们的内啡肽。为了应对工作和生活中的压力，女人普遍会转向言情小说、励志书籍、时装杂志、八卦杂志、电视节目和令人安慰的食物，如油炸食品、甜点和巧克力等。任何事情，只要和浪漫爱情、婚姻关系、为人父母、儿童、家庭、婚礼、节食、饮食、餐馆、菜谱、园艺、交流、购物、化妆和时装等有关，都有助于激发血清素和催产素。

在这一切之上的，就是浪漫爱情。男人总是说，一旦女人能自己养活自己，就再也不需要男人了。有了对女性浪漫的这一洞见，男人就知道他有力量给予女人无法独立获得的东西。她对他的需要远远超乎他的想象。她面临着一个大问题，而他就是解决之道。她需要他。

男人通常都不浪漫，他们压根儿不知道浪漫为何物。浪漫对男人并不太重要，他们可能会抱怨做爱的次数不够，很少会认为浪漫不够。浪漫能极大地激发血清素和催产素，男人并不会主动去寻求这两种荷尔蒙。性则是另外一回事。男人满脑袋想的就是性，因为性能产生睾丸素、多巴胺和大量的内啡肽。

花一点时间，了解彼此的不同情感需要，正确地哺养和锻炼我们的身体，男人和女人就都能够梦想成真。如果我们继续生活在无知之中，生活就不会有任何变化。即使我们花了一定的时间研究和教育自己，我们还是需要一个能持之以恒的饮食和锻炼计划，把我们所学习到的东西付诸行动，然后变化就会随之而来。有了这些通过改善情感关系来缓解压力的灼见，我们现在就可以专注于给身体和大脑提供原材料，以创造正确的荷尔蒙和神经递质。有了火星人和金星人的健康法则，你现在就可以开始创造能带来健康、快乐和持久爱情的大脑化学物质。

男人来自火星
女人来自金星

♂ 4

The Mars and Venus Diet and Exercise Solution

第7章
千万别节食

要学会通过摄取食物来制造健康的大脑化学物质，首先你需要知道，为什么节食无济于事？只有告别节食，你才能建立起制造大脑化学物质平衡的基石，才能改善情感关系，提升健康和快乐。如果你本身有点超重，那么你还会额外享受到体重很快减轻的快乐。

最常见的饮食控制方法就是减少食量，这么做一般都不会成功。因为生活中的每件事都应该是均衡的，一件事一旦上升到一定程度就肯定会往下跌。少吃最终会导致多吃，道理就是这么简单。对有些人来说，吃得太多不仅会造成体重增加，更重要的是，还会妨碍大脑分泌出必要的化学物质。

简单地说，作为一项意志力对抗活动，你可以剥夺自己想要的食物，但是不用多久，钟摆就会偏向相反的方向，让你忍不住暴饮暴食。即使你出于健康原因具有非常强的动力，相信你还是会一心渴望吃不应该吃的食物，并由此陷入激烈的心理斗争。我们的人生不应该是这样的。研究显示，几乎所有女性每天都要与自己进行抗争，压抑自己对不健康食品的渴望。

除非某种严重的健康状况给了我们很强的动力，否则这种需要强大得意志力才能执行的节食计划就很难坚持下去。一个长期的饮食计划必须要执行起来很轻松，而且还要够美味才行。

有了火星人和金星人的健康法则，你就能告别剥夺性的节食和意志力。只要坚持这个计划一小段时间，你就能想吃什么就吃什么、想吃多少就吃多少，通过饮食制造健康的大脑化学物质。

动用意志力来节食就好比随时在肩头上压着一块大石头。

诀窍在哪里呢？

诀窍就是：人的愿望总是会不断改变。一旦你的饮食激发了均衡的大脑化学物质，健康的食物就会吃起来更加美味；一旦体内的细胞得到了正确的滋养，你就不会有暴饮暴食的渴求。在你的细胞不饥饿，你的身体每天都能创造健康的大脑化学物质均衡的时候，你想吃什么和想吃多少，每九天就会发生一次变化。

在你的大脑达到化学物质均衡和细胞不饥饿的时候，你想吃什么，每九天就会发生一次变化。

三大指导方针

火星人和金星人健康法则之所以有效，因为它的三大基本指导方针很容易实施。任何人都可以持之以恒地坚持。只要你试上了两个星期，就永远不想放弃。要让这一计划见效，我会给你一些建议和指示，但是，首先让我们来看看这三大指导方针是什么：

1. 至少每日三餐。由于女性更容易遇到低血糖问题，所以需要每日三餐，再加至少两次零食。在我们的饮食计划中，少吃并不好，多吃才好，尤其是要多吃你最喜欢的健康食品。每一顿饭，你都需要从三种营养物质中摄取等比例的卡路里：蛋白质、碳水化合物、膳食脂肪。具体的比例则依据每个人的体型、体重、锻炼程度、精神状态以及最重要的性别而定。你将在第8章、9章和10章对此有更多了解。

2. 早上一醒来就进行10～30分钟的火星人和金星人吐纳、跳跃和锻炼活动。

3. 用低热量、高营养早餐鸡尾酒代替你的早餐。你身边的健康食品商店就能找到所有必需的原材料。一旦你恢复了理想体重，你就可以在早餐鸡尾酒之外添加自己喜欢的普通早餐。

就这么多。在接下来的几章，我们将详细探讨需要怎么做，以及为什么这么做会有效。理解了以上每个步骤的重要性，你就会更有动力坚持我们的计划。在理解了计划的原理之后，你就会想要去尝试它，因为它合情合理，而且你也会认为它是个很好的想法。

从饮食中找到均衡

生命和饮食中的每一件事都与均衡有关。如果你减少卡路里摄入，吃得比身体需要的还少，那你就会最终摇摆到另一个极端，渴望吃得比身体需要的还多。这种模式通常被人们称为"溜溜球减肥法"。一会儿吃得少得可怜，一会儿又暴饮暴食。每次一节食，你就会失去均衡，这个溜溜球周期就会重复一次。这个周期每重复一次，不管是男人还是女人，体重就会多增加一点。没有火星人和金星人的健康法则，你会发现自己越来越难以恢复和保持理想体重。

即使只让自己吃健康食品也没有用，因为不健康的人不想吃健康饮食。在你不健康的时候，健康食品会显得很不好吃；垃圾食品则无比美味。所谓垃圾食品，是指任何经过深加工缺乏营养的食品。在第10章我们将列举出这些垃圾食品。

> 克扣饮食最终总是导致吃得太多。

当你的大脑化学不均衡时，你的整个身心都会渴求低营养的食品。一旦你吃上了垃圾食品，你就会想要更多。反之，如果你得到了身体和大脑所需的营养，口味也会发生改变。你会开始享受健康食品的味道。

> 在你不健康的时候，就会渴求垃圾食品。

你的大脑决定了你的喜好。如果一种食物能为缺乏多巴胺的男性制造多巴胺，他就会在9天之内都特别钟爱这种食物；如果一种食物能为缺乏血清素的女性制造血清素，她也会在9天之内都特别渴望这种食物。

女人和巧克力

巧克力就是一个很好的例子。在女人的月经初期，她的血清素会降低，情绪也会相应发生变化。她会渴望吃巧克力。巧克力是一种神奇的食品，它能带来瞬间但短暂的血清素升高。女人对巧克力的渴望也因此被夸大了数倍。

大多数品牌的巧克力都充满了化学添加剂和令人上瘾的物质，并且缺乏营养。但是，价格更贵、质量更好的品牌则是由纯净和健康的成分组成。我和我们家的金星女人们最喜欢的一个巧克力品牌是Tamera Truffles（参见www.e3livealgae.com/chocolate/）。他们的巧克力含有100%的有机成分，包含比利时有机黑巧克力、新鲜有机奶油、有机香草和榨甘蔗汁；里面还添加了抗氧化剂、叶绿素及其他健康成分；每颗巧克力中还含有500毫克的蓝绿藻，提供额外的蛋白质。

巧克力棒是让你的孩子补充健康维生素的最简单的方法之一，它们是很好的零食，还可以达到蛋白质、脂肪和碳水化合物之间的合理平衡，对妇女和小女孩尤其有益。

这就是为什么送女人巧克力总是很浪漫的原因。经证明，适量的巧克力能激发大脑均衡，提升血清素和催产素，极大地缓解压力。每一个女人都需要常备一点健康而有营养的巧克力，帮助她度过艰难时光。巧克力充满了健康的特质。巧克力本身不是问题——太多的精制糖才是问题。适可而止是最关键的。

识别和治疗食物过敏

一般情况下，一种食物如果吃得太多，超出了所需要的量，你的身体就会抗拒这些食物，你就会对这些食物过敏。最常见的过敏食物是奶制品、糖、大豆、鸡蛋和面包。食物过敏的症状有鼻窦、鼻腔、咽喉黏稠、血糖过高、疲惫、头晕、头疼、感冒、身体不适、便秘和胀气。食物过敏让人容易患上花粉热和哮喘，或是对霉菌和灰尘过敏。

食物过敏的一个最大问题就是，我们偏偏会非常想吃让我们过敏的东西。我们会一不小心就吃得太多，使得过敏症状变本加厉。火星人和金星人健康计划可以通过平衡大脑化学、直接滋养身体细胞，从而减轻你对食物的渴望。当我们能给身体细胞提供营养，停止暴饮暴食后，食物过敏的很多症状就会消失。

要找出什么食物让你过敏，最简单的方法是：观察什么是你吃得最多的。如果你非常喜欢小甜饼，那么就是小甜饼里面的什么东西让你过敏；也有可能你对小甜饼里面的所有东西都过敏：精制糖、面粉、黄油、牛奶都有可能。

> 如果你对小甜饼过敏，那么在你饥饿的时候，你心里想的就全是小甜饼！

有了健康的大脑化学物质，你对食物的渴望就会降低，你就可以每天都轻松地吃各种各样的食物。只要你能有营养丰富的早餐和均衡的食谱，食物过敏的症状就会减轻。

有些时候，只要你的碳水化合物、蛋白质和脂肪均衡，食物过敏症状也会消失。比如，有些人可能对奶酪过敏，但在奶酪之外再搭配一个全麦面包和一颗西红柿，过敏症状就会暂时消失。用健康的方式搭配食物可以让它们对你的身体更有吸引力。在8章、9章和10章，我们将探讨在每一餐中蛋白质、脂肪和碳水化合物均衡搭配的重要性。

如果你结了婚，你还可能会因为彼此在一起时间太长，没有适当的独处，或没有朋友交往而对自己的伴侣过敏。不和其他朋友交往或很少一个人独处的伴侣会变得厌倦、烦躁、易怒。当一对伴侣能进入另一种社交环境，或是得到自己所需的情感滋养，这种烦躁就会很容易消失。

快乐的心中只有快乐的事

你是否注意到，在你情绪好的时候，你会想到快乐的事；而当你情绪不好的时候，你就只会想到不好的事。你的身体也一样。当你的身体营养充足时，它就只会需要健康的食物；而当它不健康或营养不足时，就会非常渴望不健康的食物。

另一个甄别食物对身体不好的方法就是，看一看在你心情不愉快的时候，你想吃什么。情绪烦乱的人总是非常想吃对自己不好的东西。快乐、健康、满意的人则更喜欢更加健康的食品，至少，他们会对吃什么更有控制。

> 快乐的心会自动去想快乐的事，健康的身体也会自动地想吃健康的食品。

我知道有些人非常信奉斯巴达主义，他们认为吃饭是为了活着，活着绝不是为了吃饭。我则认为应该是这两者的结合。我吃饭是为了活着，我活着也应该享受吃饭。我非常期待美食，大量的美食，要获得这一平衡，我需要在每天一起床就运用足够的毅力，锻炼30分钟，并且吃一顿健康均衡的早餐。很快你就会发现，你所需要做的也就这么多而已。

找到你的北极星

如果你要到达一个目的地，你就需要一个参照点，以便知道自己是否行进在正确的道路上。如果你要完成一个目标，你就需要得到反馈，以便知道什么有效什么无效。如果你驾驶着飞机或轮船，你就需要一个罗盘，告诉你是否方位正确，并在必要的时候帮助你重新调整方位。

> 你的身体会给你发出最完美的反馈，告诉你应该吃什么，吃多少。

远古时代，人们还没有发明罗盘的时候，航海者就会使用北极星作为必要的参照点。通过参照北极星找出自己的位置，你就可以决定该向哪个方向进发。在寻找最佳饮食方案的时候，你也有自己的北极星——你的身体。它会给你最好的反馈，告诉你应该吃什么，吃多少。但是，你一定要仔细地倾听它发出来的信号。

你的身体可能在说一件事，但你却听成了另一件事。以下的例子展示的就是你如何误解了身体所传递给你的信息：

★ 你的身体说："给我一点水。"你却拿了一瓶软饮料。

★ 你的身体说："我不想睡觉，给我一点刺激练习，让我可以醒过来。"你却听成了"我想睡觉"，于是你又继续睡下去。

★ 你的身体说："这个加了精制糖的小甜饼没有营养。"你却听成了"一个小甜饼还不够，再吃一点"。

★ 你的身体说："这顿饭的矿物质和酶不够，给我补充点儿矿物质和酶。"你却听成了"这顿饭不够，再多吃点儿"。

一旦你在膳食中补充了创造健康大脑化学物质所必需的均衡营养，你就能生活在理想的状态之中，拥有无尽的能量、无条件的快乐和无限的爱。将这种正常状态作为你的参照点，你就能正确地诠释身体的信息，知道什么是对你的身体和头脑有效的，什么是无效的。

摄取健康食品的动力

一旦你知道了均衡状态的感受，你就能知道某种食物是否会导致你跌出区域。就我本人来说，促使我摄取健康食品的动力有两个：第一，我的口味发生了改变，大多数时候，我都觉得健康食品吃起来更香；第二，我从我的身体得到了反馈。如果我吃得不正确，我就会马上走出这一区域。

如果你把手指放到火上去烤，你的身体会迅速地学会下次不要这么做。同样地，当你的饮食突然使你精力衰退，而不是精神焕发，你就会知道，你应该摄取正确分量的正确食物。倾听你的身体，你就再也不会在不同的专家建议之间左右为难了。

> 倾听你的身体，你就再也不会在不同的专家建议之间左右为难了。

一旦我吃了垃圾食品，我就会在吃完饭以后再补充一些矿物质、维生素和酶。这可以最大限度地减少垃圾食品的负面影响。第二天，我还会再做一套火星人和金星人的排毒练习。垃圾食品不仅会让你的身体失去平衡，而且还会让你的身体产生更多有待清理的毒素。

如果你摄取了正确的营养，你的身体就会像一台润滑的发动机。如果有人在你的汽车润滑油里面放入一把土，你就会把油倒掉，然后再添加新油。垃圾食品就如同润滑油里的一把土。有了我们的计划，你的每一天都会从刺激新陈代谢、清除身体毒素的身体锻炼开始。

每个人都独一无二，有着各异其趣的口味和偏好，因此，并没有一个对人人都适用的完美食谱。只有你自己才能最终决定自己的正确食品。在你能够从身体收到即时反馈后，就能够很容易地找出最好的指导方针，并严格地遵循。

我们的计划将会帮助你得到高峰体验，并尽量延长这一体验，你可以从中判断出什么是有效的，什么是无效的。早上起来，先做一套10~30分钟的特别早操，然后准确地遵循我们的指导方针，吃一顿正确的早餐，你就能达到大脑的均衡，清清爽爽地开始新的一天。只有这样，你才有了恰当的准备，可以决定什么食物对自己最好。

人们为什么总是不吃早餐？

很多人都不吃早餐，这会降低新陈代谢，导致稍后的暴饮暴食。如果不吃早餐，你可能会暂时得到大量的能量，但是等到你终于开始进食的时候，你就会对错误的食物充满渴望。吃一顿均衡的早餐，你就会拥有活跃的新陈代谢，有效地燃烧脂肪，锻炼瘦肉组织，最重要的是，让你的大脑化学物质保持均衡。

人们不吃早餐的最常见原因是太忙。我们有时间给身边的其他人，却没有时间滋养我们自己。在忙碌的人生中，要做的事情太多了。

很多人不吃早餐是因为不吃早餐感觉很好。如果他们吃了早餐，精力反而会下降。他们会只喝咖啡或茶，或是只吃一个馅饼。我一生中绝大多数时间都没有吃早餐，早餐会让我失去能量和活力，变得迷迷瞪瞪的。这是因为我吃了错误的、营养不足的早餐。

不吃早餐会降低新陈代谢，导致稍后的暴饮暴食。

有些人不吃早餐是因为他们认为这样可以控制体重。随着我们步入中年，腰间开始堆积赘肉，很多人就认为，少吃一顿饭或许会有所帮助。这样或许能帮助他们减肥，或至少让体重不再继续增加。事实远不是这样，这么做只会产生相反的效果。

如果不吃早餐，你的身体就会以为能量不足，于是就会减缓新陈代谢。这样你不但会精力降低，而且还很难燃烧身体多余的脂肪。如果你的身体以为食物不足，就会守住已有的能量不放。

> 当你的身体以为食物不足时，就会守住已有的能量不放。

假设你的身体是一架老式的蒸气发动机。要推动发动机，你需要往火里添加煤炭，而如果没有了煤炭，司炉工人就会放慢速度，以保证现有的煤炭不会很快被消耗掉。同样，如果你不吃早餐，你的新陈代谢也会在接下来的一整天都放慢速度。

记得有一次，我驱车行驶在从圣克鲁兹到三藩市的1号高速公路上，当时沿着海岸线有一段偏僻而黑暗的路，大约有30英里左右。在这段路上大概走了10英里的时候，我发现我的油箱几乎快空了。为了省油，让汽车能走完这段路，一路上我只能慢慢地挪动。最后我终于到达了加油站，但是却花了很长时间。同样，如果你的身体好几个小时不吃东西，它就会以为没有足够的燃料，新陈代谢就会放慢速度，以避免耗尽燃料。

如果你吃了早餐，身体就会收到一个清晰的信号，知道自己能得到足够的能量，于是把这一整天的新陈代谢速度确定下来。只要在早上摄入了适量的早餐，你就能刺激新陈代谢系统燃烧你所摄入的热量，制造出所需要的化学物质。你需要燃烧掉摄入的所有卡路里，这样你的身体就不会把多余的卡路里贮存为脂肪，也就不会把没有消化的食物在体内积聚成为毒素。

酶的重要性

人们不吃早餐还有一个理由：我们的早餐缺乏矿物质和酶。任何时候，只要你使用烹饪的方法或是把食品加热，都会杀死所有的酶。酶能够激活身体的消化和吸收进程。如果食物里面没有酶，胰腺就会分泌出必需的酶来消化食物，从而停止制造大脑化学物质所需的代谢酶。也就是说，为了消化食物，你的身体就会停止制造健康的化学物质。每个人都知道我们需要酶来消化，但是我们还需要数千种其他的酶来调节除消化之外的其他新陈代谢进程。

一旦我们吃了缺乏酶的早餐，就会阻碍身体制造代谢酶，于是就不会分泌出足够的大脑化学物质，如多巴胺和血清素。如果吃了没有营养的早餐，直接的后果就是不消一刻就会觉得疲惫不已，反应迟钝。

新陈代谢低的人一般很少不吃早餐，因为他们早上起来马上就需要吃东西。他们一起床，第一件事就是吃！如果在早上吃了加工过或是烹饪过的食品，就会阻止胰腺分泌出能制造大脑化学物质的代谢酶。对这些人来说，最好能先做上30分钟的运动，提高代谢水平，然后再吃东西。如果他们体重超标，那就最好能用我们的鸡尾酒代替早餐，直到体重恢复正常为止。一旦达到正常体重，他们就可以恢复吃早餐，不过还是应该在喝完我们的鸡尾酒之后。在第10章，我将会提供一个详细的清单，列出能创造大脑化学均衡的各种食物原料。

> 营养不足的早餐会让人疲惫不已，反应迟钝。

新陈代谢高的人不喜欢吃早餐，因为他们能够很容易就消耗掉贮存在肝脏的能量，体验到代谢酶所制造的多巴胺和血清素带来的好处。

为了避免早上感到筋疲力尽，新陈代谢高的人就会不吃早餐。他们最终会失去能量，需要进食。不吃早餐（或是出于同样的原因不吃任何一顿饭）是造成我们渴望不健康食品、一餐饭吃得太多的最主要原因。这餐饭不吃，下一餐就会因为饥饿而暴饮暴食。

血清素效应

不吃早餐对女性的危害比男性大，这是因为早上是制造血清素的最重要的时间，我们的眼睛在早上对光线最敏感。早晨的阳光能刺激松果体分泌血清素。然而，要制造血清素，还需要有氨基酸为身体提供所需的营养。

> 早上的时候我们能分泌出最多的血清素。

氨基酸存在于我们所吃的蛋白质中。早晨摄入的蛋白质对制造血清素非常重要，但是太多的蛋白质反而会阻止女性的血清素分泌。蛋白质的增加能为男性制造多巴胺。正是这一差异直接导致了男性的肌肉脂肪比高于女性。了解大脑化学物质如何受蛋白质和锻炼的影响是平衡大脑化学的最重要因素。让我们来看一看它们之间的关系。

> 大脑化学物质直接受到肌肉脂肪比的影响。

氨基酸来自于我们所摄取的蛋白质。大脑会将色氨酸转化为血清素，将苯丙氨酸和酪氨酸转化为多巴胺。男性和女性都需要血清素和多巴胺，以创造均衡的大脑化学。从我们目前已经建立起来的均衡来看，男性容易缺乏多巴胺，女性则容易缺乏血清素。

要制造大脑化学物质，首先必须通过脑血屏障（brain—blood barrier）传输氨基酸。脑血屏障能够保障大脑不受从胃部进入血液的有毒物质和其他有害物质的影响。因此，氨基酸进入大脑的通道是有限的。色氨酸必须要与所有其他试图通过脑血屏障的氨基酸竞争。作为体积最小的色氨酸总是最后才能通过脑血屏障。如果氨基酸总数非常高，大脑所吸收到的可制造血清素的色氨酸就偏少。这就是血清素效应。

不仅大脑会用到氨基酸，肌肉也会。当我们运动肌肉的时候，除色氨酸之外的所有氨基酸都会被导向肌肉。肌肉不需要色氨酸。当肌肉被锻炼时，就会吸收大多数的氨基酸，消除色氨酸进入脑血屏障的竞争。锻炼把竞争的氨基酸都导向了肌肉，于是色氨酸就能够轻松地被大脑所吸收。

> 运动可以将竞争的氨基酸导向肌肉，于是色氨酸就能够轻松地被大脑所吸收。

这解释了为什么男人的血清素水平会比较高。他们的肌肉脂肪比天生就比较高。当男人摄入蛋白质的时候，肌肉会吸收更多的氨基酸，可以将更多的色氨酸转化成血清素。如果一个女人不锻炼，摄入蛋白质就会造成她的多巴胺升高，血清素下降，使她的肌肉更少，脂肪更多。

男人如果不能摄取足够的蛋白质就会缺乏多巴胺。女人如果摄入了太多的蛋白质，会导致竞争的氨基酸增多，她的色氨酸就不能转化为血清素。即使是摄入了足量的蛋白质，男人也很容易缺乏多巴胺，因为男人的肌肉数量更多，会将苯丙氨酸和酪氨酸导向肌肉，而不是大脑。

无论是男人还是女人，只要他们能摄取均衡的营养，就会制造出适量的多巴胺和血清素。女人要尤其小心，不要在早上吃太多的蛋白质，而且

194

男人来自火星 女人来自金星 4

要在早餐前从事大量的运动。运动过后，肌肉需要恢复所有的氨基酸，从而释放大量的色氨酸进入大脑。

对女性而言，早晨是制造血清素最重要的时间。如果不吃早餐，她确实可以享受到代谢酶带来的好处，但是由于她没有摄入任何蛋白质、脂肪或碳水化合物，所以这种好处也是有限的。最好的方法就是喝一杯均衡的早餐鸡尾酒，帮助她尽量多分泌血清素。过度节食和不吃早餐是一个女人最不应该做的事。

除了蛋白质所提供的氨基酸外，女性还需要摄入足够的脂肪来制造血清素。高蛋白的膳食对女性没有利，低脂肪的膳食也同样如此。大脑化学物质是由前列腺素调节的，前列腺素则是由膳食脂肪中的必需脂肪酸制造出来的。必需脂肪酸是膳食脂肪和油的基本组成部分，为制造大脑化学物质所必需。两种最重要的必需脂肪酸是$\Omega-3$和$\Omega-6$。我们的日常膳食中一般是$\Omega-6$太多，$\Omega-3$不足。$\Omega-3$脂肪酸对制造血清素非常重要。脂肪和蛋白质的均衡对男性和女性的大脑化学都非常重要。

高碳水化合物的早餐能刺激血清素的分泌，但是如果碳水化合物太多又会让血糖不稳定。血糖不稳定会最终阻止血清素的分泌。当过量的糖进入血管后，就会释放出胰岛素，将所有除L−色氨酸之外的氨基酸都导向肌肉。L−色氨酸随后会被大脑轻松吸收并转化为血清素。吃精制糖会让女性享受到血清素升高带来的好处，但是她的血糖也会迅速降低，血清素的分泌也同样如此。

吃油炸甜饼或其他高糖早餐会导致血糖的暂时迅速升高。

很多血清素膳食计划都建议在早上吃更多的碳水化合物，只要不释放出大量的胰岛素导致血糖不稳定，这种方法还是会非常有效。通过脂肪、蛋白质和碳水化合物的均衡，女性可以得到最完美的配方，制造最大量的血清素。

类似的配方对男性也同样有效。只不过男性需要更多的蛋白质，女性需要更多的富含Ω-3的膳食脂肪。他们都需要足够的碳水化合物，给大脑补充正常运行所需的足够糖分。火星人和金星人的鸡尾酒解决方案就照顾到了两性之间的这一差异。

脱水和细胞饥饿

有些人对我们用鸡尾酒代替早餐表示不安。提倡不吃早餐听起来有点惊世骇俗，不太健康。在早上喝上一杯火星人和金星人鸡尾酒并不代表不吃早餐。这份鸡尾酒包含了早餐所必需的所有营养，你只不过是用它来代替了一份缺乏营养的正常早餐而已。它在感观上虽不如鸡蛋、熏肉或蓝莓薄饼，但却比它们更有营养。

造成早餐吃得过多或不规律有两个原因：第一个是脱水，第二个是缺乏矿物质。身体需要水来将营养输送给细胞。当我们的身体脱水，水分不足的时候，我们的细胞就会饥饿。这时，你可能会摄入大量的营养物质，但是这些营养却不能进入细胞。除了需要水来运输营养之外，身体还需要水来清除毒素。身体里面如果没有充足的水分来清除过量的毒素，细胞就会中毒。没有水，人体细胞就不能排出新陈代谢所产生的废料。

> 人体除了需要水来输送营养外，还需要水来清除毒素。

水是大自然神奇的清洁剂，是淋巴系统净化身体必不可少的元素。如果不饮用足够的水，身体的淋巴系统就不能排除人体内的所有毒素，以及健康的新陈代谢所产生的正常毒素。很多书都专门谈到了水对健康的许多好处。其中我最喜欢的一本是费内多·巴特曼（Fereydoor Batmanghelidj）医生所著的《水是最好的药》（Your Body's Many Cries for Water）一书。几乎所有疾病和很多令人困扰的衰老症状都与长期脱水有直接关系。儿童身体的70%都是水，平均70岁的老年人的身体则只有30%是水。

大多数50岁以上的人都脱水。这是因为他们没有饮用足量的水。人缺乏水，只需要一两个星期就会死去。水之所以重要，不仅因为它能起到清洁作用，而且还因为它担负着向人体细胞输送营养的重任。其实大多数人都死于口渴，只是他们不自知而已。

> 水担负着清洁身体和为人体细胞输送营养的重要责任。

水潴留也是脱水的症状之一。人体之所以一直需要水，就是因为细胞没有吸收到足够的水分。膳食中优质脂肪不足，也会阻碍身体细胞吸收水分的能力。

很多人之所以喝水不足，是因为他们需要不停地上厕所。尿频是脱水的另一个征兆。这意味着水只是从你的身体里走了一遭，并没有被细胞和组织所吸收。你可以把人的身体想象为一个海绵，干海绵并不能吸收水分，只有被水浸透后，你再把水挤出来，它才能迅速地吸入更多的水。

> 尿频是脱水的另一个征兆。

人需要好几个月才能完全补足身体所需要的水分，脱水并不是靠在一天之内喝够足量的水就能解决。脱水是因为体内长期缺水造成的，体内要重新恢复充足的水分则需要好几个月的时间。通过在水中添加微量元素，恢复水分的速度可以更快一点。在第8章，我们将探讨一种能够快速补充身体水分的早餐饮品。

仅仅只是喝水并不一定能够增加水分。在水中所添加的东西决定了身体处理水的方式。如果你喝的水中含有咖啡因，那么这样的水就不能满足你的日常所需。咖啡、茶、软饮料中的咖啡因有利尿的作用，会阻止你的身体吸收水分。水喝进去马上就会被排出来。饮用大量的刺激饮料表面上是摄入了大量的水，但结果却会造成脱水。

酒精饮料同样也利尿。宿酒未消带给人的痛苦并不是来自酒精，而是醉酒引起的脱水。喝刺激饮料或酒时多喝一点水，就不容易造成脱水了。

如果你饮用的水中含有咖啡因，那么这样的水就无法满足你的日常所需。

没有足够的水，淋巴系统就不能运行，这时肝脏就不得不采取紧急措施。这样肝脏必须停止处理能制造多巴胺和血清素的氨基酸。淋巴系统不活跃会阻止大脑分泌健康的化学物质。

肝中毒同样也会导致甲状腺失衡。甲状腺控制着人体脂肪的燃烧和贮存。保持肝脏处理氨基酸的正常功能对于保证甲状腺的正常运行和体重控制都非常重要。很多人之所以很难减轻体重，就是由甲状腺功能失调引起的。通过补充大量的水，使淋巴系统处于活跃状态，甲状腺才能正常运转。

肝脏处理多余毒素的另一个方法就是增加身体的脂肪，将这些毒素封存在脂肪中，使机体免受其害。这个过程就是导致通常所说的啤酒肚的原因。为了保护身体免受毒素的危害，肝脏激发内脏器官分泌出更多脂肪，以贮存毒素。随着年龄的增长，毒素越积越多，腰上也就形成越来越多的赘肉。

事实上，任何体育锻炼都不能消除啤酒肚。这是淋巴系统的工作。一且你在早晨摄入了充足的氧气和水分，并进行了足够的运动，就能激发淋巴系统，你的肝脏就会着手消除啤酒肚。

早晨是肝脏清洁的最重要时刻。有着五千年悠久历史的中医理论对此有广泛的论述。根据中医理论，人的机体在夜间会分别专注不同的器官。在黎明前两个小时，机体会有更多的能量给肝脏。这是进行淋巴刺激锻炼的最佳时间。刺激淋巴系统能减轻肝脏的负荷，这样肝脏就能进行其他的工作，制造神经递质。现代研究证实，日出前后这段时间对于刺激血清素的分泌有着非常重要的作用。

> 一旦你在早晨摄入了充足的氧气和水分，并进行了足够的运动，就能激发淋巴系统，你的肝脏就会消除啤酒肚。

大多数营养学家一致认为，一个健康的人每天需要大约64盎司的水（大约等于18升）。这意味着需要大约8杯容量为8盎司（大约等于240毫升）的水。如果你体重超标、生病或太疲惫，需要的水还会更多。

所有的疾病都与身体的毒素堆积有关。早上起来喝一杯水，刺激淋巴系统的活动，创造出能带来健康、快乐和持久爱情的大脑化学物质，你就迈出了健康的第一步，也是最重要的一步。没有水，其他任何东西都起不了作用。

> 咖啡、红茶、软饮料和酒精饮料会导致身体脱水。

要知道自己至少需要补充多少水分，你可以把自己的体重按磅数一分为二，计算出每天所需要饮用的水量。如果你重128磅（大约等于60公斤），那么你就需要64盎司水，或者说每天8杯水。如果你重196磅，你就需要98盎司，或者说每天12杯水。果汁或汤里的水也可以满足你的身体对H_2O的需要。

为了摄入足够的水，你一定要记住，咖啡、红茶、软饮料和酒精饮料会导致身体脱水。如果你一定要喝，就一定要记得，每喝完一份这类饮料，就要在你的正常饮水量之外再额外添一杯白开水。去除了咖啡因的咖啡同样有相当于普通咖啡一半的利尿效果。

如果因为锻炼或运动而出了汗，你就需要更多的水。数以百计的人都发现，在采纳了火星人和金星人的健康法则之后，他们再也不需要咖啡来提升精力，或是酒精来放松身心了。他们可能偶尔会喝一点饮料，作为社交方式或一种享受，但是再也不会对这些饮料产生依赖。

矿物质缺乏

我们的细胞和大脑之所以不能制造健康的大脑化学物质，是因为我们所吃的食物缺乏矿物质。不管你多么谨慎地为自己选择恰当的食物，事情总是不尽如人意，你总是会想要多吃。这是因为，你从商场里的农产品部所买到的每一件东西都缺乏微量元素。

有机食品的矿物质含量略高，但是这些矿物质的水平压根不能和50年前相提并论。今天的食品店里面出售的有机西红柿的矿物质含量比50年前的普通西红柿少了近一半。即使喝了大量的水，我们还是不能得到所需要的东西。这是因为现在的新鲜农产品缺乏矿物质，加工食品又几乎完全没有天然的矿物质。

> 今天的食品店里面出售的有机西红柿的矿物质含量比50年前的普通西红柿少了近一半。

大约在70年前，美国政府曾公布过一份报告，证实了美国农场土壤中缺乏矿物质，从而导致了所有的食品都缺乏矿物质。这一报告直接催生了保健食品行业。突然之间，人人都意识到了添加矿物质的必要性。

尽管人们还没有意识到微量元素对大脑功能的绝对重要性，但是人们都认识到了矿物质对强化骨骼和增强体质的重要性。尽管人们的认识在提高，女性患骨质疏松症的人数仍在飞速攀升。不单是我们吃的食物本身缺乏矿物质，我们所摄入的精制糖更是让我们骨骼内原本就很少的矿物质进一步流失。

> 矿物质缺乏会影响到我们的身体和心理健康的各个方面。

矿物质缺乏所产生的影响远不止于骨骼不强健或龋齿，尽管这些问题也相当严重。矿物质缺乏会影响到我们的身体和心理健康的各个方面。

我们已经知道了维生素的重要性，但是我们却忽视了一点：这就是如果没有矿物质的帮助，维生素就不能被人体所吸收。这个问题已经引起了广泛的研究。我们的所有机体组织和体液都包含着不同数量的矿物质。矿物质是骨骼、牙齿、软组织、肌肉、血液和神经细胞的构成元素。

> 每一种疾患、每一种病痛都可以追溯到矿物质缺乏上去。

矿物质对我们的整个身体和心理健康都至关重要。它们是催化剂，能引起机体内的很多生物和电学反应、肌肉反应、神经系统的讯息和能量传递，促进荷尔蒙的分泌、消化、食物营养的利用等等。

矿物质扮演着结构性和功能性的双重角色。它们是机体组织和体液的组成部分，能够与酶、荷尔蒙、维生素和运输物质共同作用。微量元素则起着合成脑部化学物质的作用。

两度诺贝尔奖得主鲍林（Linus Pauling）曾说过："每一种疾患、每一种病痛都可以追溯到矿物质缺乏上去。"我们今天所遭遇到的大多数问题都肇始于在矿物质匮乏的土地上栽种的粮食，以及吃这些粮食的动物。

上个世纪初，农民们发现了化肥所带来的快速成果，农作物的产量开始增加，但是土壤所吸收到的营养元素却只剩下了三种。然而，在使用这些氮化肥之前，在土地里面所能发现的矿物质和微量元素有73种之多。仅仅十年时间，土地就开始缺乏矿物质，再也不能生产出具备均衡矿物质的庄稼。

有了氮肥、钾肥和磷肥，庄稼就能暂时性地繁茂。即使不给土地补充这73种矿物质和微量元素，农民仍然能够生产庄稼，但是，这些庄稼却会缺乏矿物质。

以下几段话进一步证明了矿物质缺乏的事实和补充矿物质的重要性：

＊1912年，诺贝尔奖得主艾利克斯·卡莱尔（Alexis Carrel）博士预言："土壤中的矿物质控制着植物、动物和人的新陈代谢。土壤的肥沃程度决定了所有生命的健康程度。"

＊1936年，美国参议院颁发了第264号文件。文件中包括这样一段警告："一个惊人的事实是，在数百万英亩的土地上再也没有足够的矿物质，而从这些土地上出产的食物（水果、蔬菜和粮食）正在让我们变得饥饿——无论我们吃多少东西都难以消除这种饥饿。今天的人们永远不可能摄取足够量的食物，为他们的身体系统提供塑造完美体格所需要的矿物质，因为他们的胃不可能装得下。"

＊1988年，《健康和营养部长报告》得出结论说，美国每21起死亡就

有15起与营养缺乏有关（几乎占到了75%）。

★ 1992年，全世界的国家领导人在《土地高峰报告》中总结说，在过去10年间，土壤的矿物质损耗在欧洲国家超过了76%，在美国则超过了80%。

★ 1994年，美国议会得出一个重要的结论：正常的营养吸收能防止慢性疾病。

没有氮肥，植物就必须依赖土壤里的健康微生物来制造氮。这些氮能帮助植物吸收土壤中的矿物质。植物必须要依赖土壤中的微生物才能生长。微生物的数量又依赖于补给土壤的富含矿物质的天然混合肥料。如果不能给土壤补给富含矿物质的有机肥料，微生物就会迅速消失。这个时候，如果你不增加有机肥料，促进微生物的生长，植物就不能产出粮食。

有了现代化肥技术，农民学会了跳过给土壤添加富含矿物质的堆肥步骤，直接往土壤里添加氮肥。这意味着，植物能够直接摄取生长所需的矿物质。这样就会最终导致农产品和土地急剧缺乏矿物质。

> 增加土壤中的矿物质可以让微生物的数量每28分钟就翻一番。

要解决这个问题，就需要给土地补充矿物质，并采取有机耕种手法。尽管现在已经能够从食品店里买到有机农产品，但是要获取所有的矿物质还需要几十年的时间。这个问题总有一天能够得到解决，但并非朝夕之间的事。在这之前，你还必须在你所吃的食物中添加矿物质才行。

过去五年，我所居住的加州马林县遭遇到了一次悲剧性的损失，数千棵橡树相继死于一种被称为"橡树猝死病"的奇怪病症。我们家也有三英亩的橡树面临死亡，我的妻子邦妮一直努力想要挽救它们。经过五年的试验和很多热心的环保人士的协助，邦妮找到了治疗的方法。

你可能想都想不到——她的方法竟然是补充矿物质。在橡树四周的土地上添加矿物灰可以帮助橡树对抗这一灾难。增加土壤中的矿物质可以让微生物的数量每28分钟就翻一番。数周之内就产生了几十亿个新微生物，它们日夜忙碌，为这些树制造吸收新矿物质所必需的硝酸盐。

> 你不仅不能往身体里喂石头，更不能妄想石头能被吸收。

我妻子把这个方法告诉了加利福尼亚州政府的代表，但是得到的反应却令人始料未及。州政府拨出了3千万美元对这个新问题进行了研究。也许撒矿物灰这个经济实惠的办法看上去实在太简单了。

20世纪30年代，人们对矿物质缺乏的认识开始增加，保健食品行业也风行一时。政府也宣称每个人都需要营养添加剂。公众可以买到各种各样的矿物质添加剂和药片。这一潮流很快就失去了魅力，因为矿物质添加剂根本不管用。你不仅不能往身体里喂石头，更不能妄想石头能被吸收。

即使是植物也不能直接吸收矿物质。它们需要由微生物制造出来的硝酸盐刺激，才能吸收土壤里的矿物质。药片并不能解决问题。由于矿物质补充并没有效果，所以人们对它们的热情也很快消退。

今天，有很多人体可以吸收的天然的植物性矿物质。最好的矿物质添加剂都应该标注有"植物性矿物质"、"植物性矿物离子"或"植物性矿物胶原"等字样。离子或胶原的意思是说矿物质细腻到了人体细胞都能吸收的程度。就我个人的经验而言，植物性矿物离子的效果最好。有了这些添加剂，你就能帮助自己和你的孩子了。

> 只需要三天，原本不能做家庭作业的多动症儿童，突然之间就开始做家庭作业了。

只需要三天，原本不能做家庭作业的多动症儿童，突然之间就开始做家庭作业了。仅仅是添加矿物质就能带来这种戏剧性的改变。如果再加上"火星人和金星人的健康法则"，服用矿物质就会更加有效。如果不能成功地添加矿物质，这个强大合剂中的所有其他成分就不能发挥出理想的效果。

有时候，人们会写信告诉我，这个计划对他们的效果不如对别人好。任何项目都不可能对每个人产生同样的效果，但是只要他们能改变植物性矿物质的品牌，他们还是能享受到均衡的大脑化学物质所带来的益处。矿物质可以改变一切。

尽管人们对微量元素的认识还很新，研究者们还是每一天都在发现它们更多的重要性。比如，机体要吸收钙，就必须要有微量元素硼。我们已经知道钙的重要性，但却不知道要让钙被吸收还需要微量元素。如果你不能从膳食中获得足够的硼（因为土壤中缺乏硼），你的身体就不能吸收到食物、饮用水或补充剂中的钙。就这样，人们开始逐渐地认识到了所有73种矿物质和微量元素的重要性。

男人来自火星
♂ 4
女人来自金星

The Mars and Venus Diet and Exercise Solution

♔

第8章
健康就这么简单

"金星人和火星人的健康法则"包含三个简单的步骤。只要每天坚持这三个步骤，你的身体就可以很快创造出平衡健康、快乐和持久爱情的大脑化学物质。在这一章中，我们将详细探讨整个计划的三大核心步骤。

第一步：全新的一天，从补水开始

每天早上起床后，先喝上180到240毫升的水。这应该是一杯活性水，里面添加了具备净化作用的营养物质。每天早上一睁开眼，从床上起来之后，什么也不要想，先给自己调一杯活性水，然后喝下去。要激活这杯水，你需要加入以下成分：

1. 半个柠檬汁。

2. 一茶匙蜂蜜或甜果汁。

3. 一份高质量的植物性矿物离子。

4. 大约30毫升芦荟汁。

接下来，让我们来看看这四种原料的重要性。

1. 柠檬的力量

一提到柠檬，人们就会想到洁净。柠檬和水是大自然最有效的清洁剂。水和柠檬的结合是最古老的也是最常用的健康疗方。几乎所有的古代传统健康疗方中都有柠檬和水，它们被当作健康和治疗的基本元素。柠檬汁乃至柠檬香味都可以用作抗微生物、抗菌和抗病毒的消毒剂，阻止白细胞的生成，增强免疫功能。

如今，我们通常在饮用水中加入柠檬汁调味；或在餐具洗涤剂中添加柠檬汁，以利用其清洁特性。但是我们却很少利用到它的治疗功效。如果我们想要清除身体中的毒素，早上醒来空腹喝上一杯用半个柠檬汁调成的水就是一个最好的方法。

柠檬汁还具有降低高血糖的功效。任何时候，只要你在饮食中加入柠檬，都有助于维持健康的血糖水平。在膳食或甜点中加入柠檬能延缓糖分进入血液的速度，将血糖指数降低30％。

除了清洁和平衡血糖的作用外，柠檬汁还能够增加身体的碱性。大多数疾病都与细胞中太多的酸有关。在饮用水或食物中添加柠檬汁对调节身体酸碱平衡能产生重要影响。

我们所知道的另一种能增加身体碱性的产品就是苹果醋。苹果醋的风行始于上个世纪，由保健食品行业的创始人保罗·布拉格（Paul Bragg）发起。你可以在大多数保健食品商店买到布拉格牌有机苹果醋，用它来激活你的排毒饮料。

2. 一匙糖

用一匙糖来帮助药物下咽并不是个坏主意。糖可以让你的早餐饮品味道更好，而且也能为你的大脑提供养分。大脑的所有能量都来自于葡萄糖。只要我们一吃糖，大脑马上就能活跃起来。这就是为什么现在大多数人都对糖上瘾的原因。

糖能刺激多巴胺和血清素的分泌。这是很多人自愿选择的一种毒品。糖不像街头毒品那么有害，但也同样会令人上瘾。糖所产生的效果和酒精对酗酒者、可卡因对瘾君子的效果一样。它会激发大脑的快乐荷尔蒙。糖是制造愉悦、动力、清醒、快乐、放松的大脑化学的一种自然健康的方法。

精制糖能让人短暂地体验到健康的大脑化学平衡。但是，由于经过了精加工，所以其效果的持续时间也不长。任何碳水化合物都可以逐渐转化为糖，类似全麦和蔬菜这样的复杂碳水化合物可以为大脑持续稳定地供给葡萄糖。精制糖也能为大脑提供养分，但效果却短暂起伏。一旦身体尝到了自己所需要的东西，就会渴求更多。这将导致人更加想吃精制化合物和糖。我们将在第10章详细探讨精制糖和深加工糖的许多害处，以及具有潜在危害的代糖。

吃精制糖必然会减少大脑的燃料。

你可以在早餐饮品中加入一点蜂蜜、果糖或果汁，让大脑获得所需的能量。大脑需要氧气和葡萄糖才能苏醒过来。研究显示，增加糖和氧气能提升大脑的能力。从这个角度来说，我们认为古老的谚语确实包含着智慧："苦口药还需甜心糖。"

3. 植物性矿物离子

早上起来先喝一杯含有微量元素的水，这对于身体启动净化程序同样重要。如果不是我们现在已经特别缺乏矿物质，仅仅是柠檬汁里面的微量元素就足以激活身体的所有净化程序了。但是，现在的柠檬本身的矿物质也不足，完全无法和以前的柠檬相比。

只要在新的一天开始时，能够为自己补充所有73种自然的矿物质和微量元素，你就不仅能够得到净化身体所需的支持，还能马上开始制造大脑所需的化学物质和荷尔蒙。一旦能以这种方式开始新的一天，你就具备了成功应对生活压力的营养基础。

4. 芦荟汁

芦荟常用于治疗皮肤晒伤。一旦用于内服，芦荟就具有清洁身体的神奇治疗功效。芦荟既能够缓解外伤，也能够安抚和治疗我们的内部机体。人体内毒素堆积会造成机体组织膨大。饮用芦荟汁可以减少内部组织膨大，强化免疫系统，对抗有害的微生物、寄生虫和病毒。

内服芦荟汁的功效已得到了证明。很多大学和研究组织都出版了大量与芦荟内服有关的报告。其研究成果可以说相当惊人。

你可以发现，在膳食中添加芦荟能维持正常健康的胃内层、支持消化功能和细胞生长，并且还能起到整体滋补的功效。出于对支持和维护整体能量水平的关注，运动员及其他需要高度活力的人士都对芦荟产生了兴趣。

> 饮用芦荟汁可以减少消除组织的膨大，强化免疫系统，对抗有害的微生物、寄生虫和病毒。

研究显示，芦荟富含天然的抗生素、收敛剂、止痛剂和能够促进受伤表皮愈合的生长激素。它的疗效早在几个世纪以前就已经为古埃及人、中国人和亚历山大大帝所认识。芦荟还能为细胞输送额外的氧气，为机体提供运行所必需的额外能量。

一株小小的植物何以能带来这么多的好处呢？没有人知道芦荟为什么能有这么多惊人的功效，最常见的推测是这种植物的胶质能刺激细胞的生长，重建机体组织。这大概可以解释为什么用芦荟来治疗烧伤或其他伤口，会很少或没有疤痕。芦荟是一种低变应原性的植物，即使大量食用，也几乎不会产生任何副作用。

芦荟汁有助于清肠毒、中和胃酸、缓解便秘和治疗胃溃疡。对于均衡血糖也有神奇的效果。糖尿病患者在饮用芦荟汁以后也会有重大改善。

芦荟汁能缓解由中毒、免疫系统紊乱（比如癌症和艾滋病）和常见的食物过敏引起的炎症。芦荟的清洁作用不仅有助于清除身体毒素，还能抑制内脏器官中假丝酵母的过度生长。

总的来说，每天早上饮用芦荟汁能增加身体能量和快乐感受。由于可以消炎，芦荟还能让淋巴系统做自己该做的清洁工作。这样肝脏也就可以从事处理氨基酸的工作，促进正常的荷尔蒙和大脑化学物质的分泌。

芦荟还能为细胞输送额外的氧气，为机体提供运行所必需的额外能量。

每天早晨，在你喝的水中添上30毫升的芦荟汁。要确保你所选择的品牌所进行的是冷处理，而且是由整叶榨出来的。芦荟经过热处理就会杀死所有的酶。整片芦荟叶具有更高的治疗效果。你还要确保所购买的芦荟汁没有经过稀释。有些标签上标的是纯芦荟汁，但其实商家降低了浓度，其中只有10%的芦荟，另外90%都是水。你需要的是100%的没有经过稀释的芦荟汁。

制作你自己的早间排毒饮品

把以上四种材料组合在一起，你就能激活早餐饮品，帮助身体有效排毒，制造必要的大脑化学物质。你可以在前一天晚上把所有的东西都混合在一起，装在瓶子里，早上一起床马上就喝上一杯。你也可以准备足够一整天饮用的量，以便于在这一整天给自己提供额外的能量。在喝之前，你最好能够将所有的混合物在摇酒器或瓶子里混合摇晃5到10次。你也可以用搅拌的方法，但摇晃更好。摇晃能激发出矿物离子的潜能。

有些保健品品牌已经提供了现成的矿物质和芦荟饮品。这种神奇的活力饮品在早上饮用效果最佳，但是也可以在白天饮用，比喝纯白水能带来更多的活力。在白天的时候，你可以每喝一杯水，就喝30毫升这种饮品。

第二步：蹦跳、甩手、吐纳、伸展锻炼法

火星人和金星人健康法则的第二个步骤就是蹦跳、甩手、吐纳、伸展。在锻炼的时候，总是会以蹦跳和甩手开始，再以蹦跳和甩手结束。中间则一般是做自己喜欢的运动。要创造健康的大脑化学平衡，你必须要选择容易执行的锻炼方式。"没有痛苦，就没有收获"的古老谚语并不适用于火星人和金星人法则。如果你的锻炼方式需要太多的新陈代谢活动，就会破坏大脑创造均衡大脑化学的能力。

在从事高强度锻炼的时候，大脑运行所必需的血糖水平可能会下降太多，创造大脑化学和荷尔蒙所必需的重要氨基酸就会被导向肌肉，而不是大脑和其他腺体。高强度锻炼或长时间慢跑会增加新陈代谢活动，因此需要燃烧额外的矿物质。这些矿物质经常会从骨骼中流失，导致矿物质缺乏

和过早衰老，更不用说骨质疏松了。

要塑造肌肉，就必须要从事高强度的锻炼。如果锻炼适度，就会对你有好处。但是太多的锻炼反而会阻碍健康。你可能表面上很不错，但你的身体和婚姻关系却会因此受挫。如果你的主要兴趣是控制体重、强化肌肉、创造健康的大脑化学，那就没有必要从事高强度锻炼。如果你体重超标，就最好彻底避免高强度的锻炼，直到恢复正常体重为止。因为这时你才能测量出合适的运动量。

天生肌肉型体格的人更需要高强度锻炼。尽管高强度锻炼对于健康、体重和压力管理并不是很有必要，但它会成为生命中重要的乐趣。如果高强度锻炼能让人愉快，一般来说就是健康的。如果锻炼超过40分钟，就可能会加快衰老进程。

越来越多的证据都指出了过度锻炼的危害。表现能力下降通常被看做是过度训练的一个讯号，但是在这之前，可能还会有另一个讯号，这就是情绪变化。在一个从事无氧训练（如力量练习）的人身上，过度训练综合征的表现形式可能是焦虑或不安。相反，有氧锻炼所引起的过度训练综合征则可能导致抑郁。

对身材肥胖的男性而言，高强度负重锻炼非常有助于增加肌肉质量和燃烧脂肪。男人更容易通过锻炼燃烧脂肪，因为他们天生具有更高的肌肉质量。通过增强肌肉质量，身材肥胖的男性可以极大地促进新陈代谢，从而更有效地燃烧脂肪。

肥胖的女性则需要避免高强度锻炼。她们只需要适度的锻炼就够了。高强度锻炼会激发女性体内燃烧脂肪的线性体细胞燃烧碳水化合物，而不是脂肪。一边满头大汗挣扎着从事高强度锻炼，另一边却错误地阻止了自己的身体燃烧脂肪的能力。高强度锻炼对男人的好处是能激发新陈代谢，一整天都让脂肪保持燃烧，对女性则不会产生这么好的效果。研究显示，女性定期从事中等强度的锻炼比从事高强度锻炼能燃烧更多的脂肪。

> 肥胖的女性应避免高强度锻炼。

蹦跳和甩手锻炼，再加上初级瑜伽、普拉提（Pilates）、太极、气功、五禽戏或是健肌操（Callanetics）的几个简单伸展动作，就可以激发你的新陈代谢，刺激大脑化学物质。

蹦跳和甩手锻炼法

在喝完活性饮品之后，马上开始蹦跳和甩手锻炼法，坚持1~3分钟。如果你想燃烧脂肪以减轻体重，那就蹦跳和甩手5分钟。

这种锻炼法是最有效的脂肪燃烧法。它不仅能激活淋巴系统清理身体，还能刺激身体内能量的流动。当你蹦跳和甩手几分钟之后，停下来静静地站着，你就能感觉到能量在你的身体内激荡。

这种激荡来自你体内细胞震荡速度的加快。这种震荡能产生细胞电流，在水、氧气和矿物质充足的情况下，这种电流可以传导到全身。这种能量在中国被称为气，在印度则被称为prana。在世界上最古老的医疗传统中，大多都有某种形式的蹦跳和甩手锻炼法。

> 蹦跳和甩手锻炼法能极大地提高你的新陈代谢，这样你就能在这一天之内燃烧更多的卡路里。

尤其是在饮用过活性饮品和空腹的情况下，这个简单的运动能极大地提高你的新陈代谢，这样你就能在这一天燃烧更多的卡路里。即使你坐在电脑屏幕前或汽车驾驶盘后，高速运转的新陈代谢也会以最高效的方式持续燃烧体内所贮存的脂肪。

你不必花太长的时间，不必投入太多的精力，也不必用严酷的锻炼方法去燃烧卡路里。"火星人和金星人锻炼法则"的第二个步骤将着眼于简便易行的锻炼方法，激活新陈代谢，在接下来的一整天和一整晚都保持更高水平的脂肪燃烧。

蹦跳和甩手锻炼可以有以下四种好处：

1. 增加细胞振动，燃烧脂肪，强化肌肉，增加瘦肉组织。

2. 在蹦跳和甩手的时候，你还可以拉伸和弯曲你的脊背，再辅以深呼吸。有节奏地弯曲背脊能将脊液压入或吸出大脑，增加机体活力，刺激大脑化学物质的健康分泌。

3. 有节奏的呼吸可增加机体的含氧量，从而刺激新陈代谢系统在整天都能更加有效地燃烧脂肪。

4. 全身柔和地蹦跳和甩手可以刺激淋巴系统净化和清理全身毒素。

下面我们将把蹦跳和甩手锻炼法分成六个步骤，详加讲解。

1. 直立，膝盖微曲，双脚自然分开，轻松地上下蹦跳，脚跟甚至都可以不用离开地面。

2. 双臂在身体两侧自然下垂，上下蹦跳的同时甩动双手。

3. 在轻柔地蹦跳和甩手的过程中，慢慢地上下点头，幅度不超过两到四英寸。

4. 头往上抬时，用鼻腔吸气，轻数5秒钟，然后呼气，再轻数5秒钟，将头放下。

5. 第1分钟，用鼻腔吸气和呼气。第2分钟，仍然用鼻腔吸气和呼气，但要在咽喉部发出声音。这个声音应该是空气经过你的咽喉时产生的声音，而不是声带发出的声音，听起来就像是轻微的鼾声。在接下来的1到3分钟，用鼻腔吸气，用嘴呼气。用嘴呼气时，收拢嘴唇，然后用力吹气，就好像你要吹熄距离半米的一根蜡烛。

6. 停止蹦跳和甩手。采取自然站立的姿势，静静地用1分钟的时间感受一下身体内的震颤感。在你身体直立，双膝微曲，两臂自然下垂时，这种感觉会最为明显。这种震荡除了能激活淋巴系统这一重要作用之外，还能够激活你体内的数百万个细胞，让你更加健康。

在我所进行的锻炼里面，蹦跳和甩手法是最重要的一环。长期坐着工作让我的淋巴系统处于休眠状态，净化身体的重担就全部落在了肝脏上。如果你在生活中觉得心力交瘁或不胜其累，这就是你肝脏的感受。如果淋巴系统没有有效地工作，肝脏就会过度劳累。如果肝脏中毒或过劳，就不能将消化后的蛋白质转化为神经递质。这个锻炼计划能为你提供一个基础，帮助你创造出能带来健康、快乐和爱情的大脑化学物质。任何有氧锻炼都能刺激淋巴系统，但是它们都不像蹦跳和甩手法这么简单。

> 如果肝脏中毒或过劳，就不能将消化后的蛋白质转化为神经递质。

吐纳和伸曲脊背

做完蹦跳和甩手锻炼后，你就可以做10～20分钟的温和锻炼。大多数低强度锻炼或伸展练习都可以起到一定的作用。你可以一边轻轻地伸展和弯曲脊椎，一边深呼吸，帮助大脑化学物质循环，使其涌入和流出大脑。要获得健康的大脑化学物质，脑脊液就需要在大脑自由地流进和流出。长期坐在椅子上或汽车内会限制脑脊液的流动。早上起来花点时间伸展和弯曲一下脊椎，就可以帮助大脑创造健康的大脑化学物质。在你伸展和弯曲脊背的时候，脑脊液就会像清澈纯净的河流一样，自由地流动，而不是混沌如一池死水。

只要辅以持续放松的吐纳运动，很多常见的伸展锻炼就足以激发健康的大脑化学物质。氧气是大脑最重要的营养。我们所呼吸的氧气有20％都是出于大脑的需要。人类的大脑重约15公斤，约占体重的2％，但大脑的运行却需要耗费大约20％的氧气。增加氧气供应，就能满足大脑的健康所需。

在锻炼的时候，一定要保证呼吸持续均匀，每5秒钟一次，不要上气不接下气。你可以使用以下三种呼吸方式中的任意一种：头式、胸式和腹式。

1. 头式呼吸要求使用鼻子吸气和呼气，一定要让你的头部和鼻腔充满空气。每次吸气的时候，把头稍稍仰起，就好像在看天花板。呼气的时候，把头稍稍低下，就好像在看着略低于地平线的地方。这个运动的幅度非常小——大约就在5到10厘米左右。在进行温和的伸展练习时，可以使用这种头式呼吸法，每5秒钟呼吸一次。

2. 胸式呼吸要求使用鼻子吸气和呼气，一定要打开两侧胸腔，让你的肺部充满空气。在进行胸式呼吸时，随着空气的进出，你需要从咽喉底部发出轻微的声音。这个声音听起来就像是轻微的鼾声。在整个胸式呼吸锻炼的过程中，保持呼吸量的平稳。在进行中等强度的锻炼时，可以使用这种胸式呼吸法，每5秒钟呼吸一次。

3. 腹式呼吸适用于中高强度的锻炼。用鼻子吸气，噘起嘴唇，用力吹气，也就是用口腔呼气。很多时候，医院会使用这种更高强度的呼吸法来帮助病人吸收更多氧气到体内细胞。他们通常会教那些患有长期障碍性肺病或做轻微运动就上气不接下气的患者使用这种方法来呼吸。医院把这种方法叫做撅嘴式呼吸。

用撅嘴式呼吸法呼气的时候，会对肺部产生一点压力，促使肺泡张开，以便更好地换气。肺泡是你肺部的小气囊，里面装着你所呼吸的空气。只要经过一两分钟撅嘴式呼吸，患者的氧气饱和度就会奇迹般地升高。

这三种呼吸方法都很有效。但重要的是保持节奏均匀。要制造健康的大脑化学物质，呼吸均匀稳定才是整个锻炼计划中最重要的一部分。只要伴随了5秒钟吐纳法，以下任何一种锻炼方式都能刺激健康大脑化学物质的分泌：

★ 你可以进行任何一种简便易行的基础锻炼或伸展练习，比如瑜伽、普拉提、太极、五禽戏或健肌操。能长期坚持的练习对你来说就是最好的练习。要让你的锻炼最有效地制造大脑化学物质，你一定不能上气不接下气或事后觉得腰酸腿痛。

★ 你可以散步或做轻松的慢跑，但注意一定不能上气不接下气。随时保持5秒钟吸气、5秒钟呼气的呼吸方法。总的来说，20分钟的有氧锻炼就足够了。除非你体能非常好，超过20分钟的有氧锻炼往往太过，使你的身体疲惫，导致早衰。

★ 如果你想要锻炼肌肉，可以在20分钟的简易锻炼之后再进行。首先给你大脑一个机会，制造必需的化学物质，然后再进行30分钟左右的强度更高的负重训练。

★ 在从事高强度锻炼时，尽量保持5秒钟吐纳法，注意不要过度锻炼，导致肌肉酸痛。如果锻炼结束时或第二天你的肌肉感到酸痛，你可能确实锻炼到了肌肉，但却没有能刺激大脑化学物质的分泌。

★ 只需要很短时间的高强度锻炼，就能达到锻炼肌肉的目的，这样既不会拉伤肌肉，又不会感到酸痛。过度锻炼对于锻炼肌肉并没有必要。肌肉酸痛就说明你的大部分氨基酸都进入到了肌肉，以修复受伤的部分，这说明你的大脑并没有得到这些氨基酸，这就是为什么运动员经常会感到头脑不清醒的原因。

★ 在体育馆锻炼，只要你不锻炼过度，保持5秒钟吐纳法，你就能得到刺激健康大脑化学和健身的双重功效。

要选择最好的锻炼方式，最重要的就是选择你最享受的方式。研究显示，大多数人只能坚持定期锻炼6个月的时间，然后就会放弃。除非你非常有动力，否则你的锻炼计划就不会有多大的价值，因为你要不了多久就会放弃。

以蹦跳和甩手结束

经过20分钟的锻炼，再喝上180～240毫升的活性水，然后再作一次蹦跳和甩手练习。这一次可以有一点小小的变化。双手不再是轻松地前后甩动，而是把手指用力地向地面伸直（就像空手切的手势），然后双手向下剧烈地甩动。结束之后，再花一分钟时间，以非常放松的姿态静立1分钟，挺胸抬头，感受身体的震颤感。

如果你觉得很难在每天起床后花上20～30分钟的时间去锻炼，那在刚开始的时候就只用做5分钟的蹦跳和甩手练习。坚持一个星期以后，你就能醒得更早，有更多的时间可以用来锻炼。

> 如果你不能坚持，任何锻炼计划都没有价值。

只需要坚持几个星期，你就可以激活新陈代谢。你不但能得到更多的能量和更理想的体重，睡眠模式也会发生改变。当你的身体和新陈代谢正常时，早上就更容易早起，进行半个小时的锻炼。有了一整天活跃的新陈代谢和均衡的大脑化学，你就能早点入睡，而且也睡得更加香甜。

经过20～30分钟的锻炼之后，完成正常的盥洗，然后准备吃早餐。这个时候就进入到了火星人和金星人解决之道的第三个步骤了。

第三步：喝下你的早餐鸡尾酒

第三步就是调制并饮用一杯营养丰富的火星人和金星人早餐鸡尾酒。把所有创造健康大脑化学所必需的原材料混合在一起，你就能得到一份更加营养的早餐，以代替普通的早餐（在第10章，我们将对健康的膳食材料详加探讨）。如果你体重超标，那就每天早餐只喝这样的鸡尾酒，直到达到理想体重为止。将所有正确的元素组合在一起，你就能得到身体所需的每一件东西，并感到非常满意。这样的早餐与剥夺性的减肥食谱完全是两回事。

> 有了更活跃的新陈代谢，你就能需要更少的睡眠，创造更多的时间。

如果你体重超标，就没有必要在早餐吃得太多。低热量高营养的早餐能帮助你燃烧多余的脂肪，以获取所需的能量。你的体重超标越多，早餐所需要的热量就越少。所有多余的脂肪都会成为有待燃烧的卡路里。我们已经讨论过低热量高营养早餐如何促使你的身体燃烧多余的养分。反过来说，高热量的早餐则会让你的身体接收多余的脂肪。于是，你的新陈代谢速度就会放慢。吃一份低热量的早餐和不吃早餐完全是两码事。

不吃早餐会关闭你的新陈代谢系统，阻止脂肪的燃烧。当你不吃早餐的时候，你的身体就会把新陈代谢系统关闭，以贮存能量。身体如果没有摄取食物，就会决定把已有的燃料储存起来。

不吃早餐不一定会让你整个早上都无精打采，但它一定会让你的精力在一天内消失得更快。工作或令人兴奋的新感情不能刺激多巴胺的分泌，男人回到家以后就会筋疲力尽。同样，一天结束之后没有情感关系的滋润，或是在一整天没有与朋友轻松交流，就不能刺激女性的血清素分泌，她们也会越来越心力交瘁。

> 高热量的早餐会让你的身体放慢新陈代谢的速度，保存多余的脂肪。

火星人和金星人健康法则中最重要的一个元素就是每天早上喝一杯早餐鸡尾酒。一旦你喝上一杯低热量高营养的早餐鸡尾酒，你的身体就会沐浴在丰富的营养之中，你的新陈代谢就不会放慢脚步。你的早餐热量很低，于是你的身体就会燃烧多余的脂肪。

脂肪燃烧就好像基本的经济学道理一样。如果你没有工作，就会停止消费，紧紧守住自己的钱包。如果不吃早餐，你的新陈代谢就会慢下来，避免耗尽所有能量。反过来，如果你有一个很好的工作，定期都有资金进账，只不过目前在现金账户里的钱略微有一点少，于是你就会从储蓄账户里提取一点钱出来。只要吃了低热量高营养的早餐（拥有定期进账的好工作），你的身体就会开始燃烧贮存的脂肪，以提供额外的能量（从储蓄账户里取一点钱）。

> 如果不吃早餐，一天结束的时候我们脑部的化学物质就会消耗殆尽。

如果你体重超标，喝一杯200~300卡路里营养丰富的鸡尾酒早餐就足够了。如果分量不够，你可以暗暗下决心等一两个小时后再喝一杯或吃点美味的零食。如果你在一天开始的时候只吃了这么多，那么几个小时以后，你就可以吃点零食，然后吃一顿饱饱的午餐，下午再吃点零食，然后吃一份适量的晚餐。如果你不吃早餐，或午餐吃得不够多，到了晚上就忍不住要摄取太多的热量。低热量高营养的早餐能刺激脂肪燃烧，为细胞提供养分，这样你就不会老是想着吃吃吃了。

一旦你恢复正常体重，就可以每种原料都增加一点，让你的鸡尾酒早餐的热量超过500卡路里，或者继续保持以前的热量。如果你选择吃常规早餐，请一定要再添加至少200卡路里的营养鸡尾酒。无论你是体重不足还是体重过高，只要达到了理想体重，早餐热量就没有必要超过500卡路里。

> 体重超标越多，早餐所需要的热量就越少。

如果你想听从政府的推荐，那么你就需要在早餐摄入500卡路里，午餐500~1000卡路里，上下午再各吃一份250卡路里的零食，晚餐500卡路里。合起来就是2000~2500卡路里，我觉得这个略微有点高。要记住，随着年龄的增长，你就只是在保持体格而已。除非你正在进行体格塑造计划，否则没有必要摄入这么多卡路里。

这些数据是给那些真正想计算卡路里的人看的。火星人和金星人法则的建议是，吃一份低热量的早餐，然后在一整天都不用去考虑少摄入卡路里的事情。任何时候都要尽量吃健康的食品，除非你因为吃了垃圾食品而失去均衡，否则你的身体只会渴望正确分量的食物。

> 随着年龄的增长，你就只是在保持体格而已，因此你的身体所需要的热量也就更少。

在追求健康饮食的时候，不要变得太过苛刻，以至于有觉得自己被剥夺的感受。觉得被剥夺总是会导致稍后对食物产生不健康的渴望以及心理失衡。

一般来说，就算吃垃圾食品也比不吃好。如果你增加一点酶和矿物质胶囊，即使是垃圾食品也不会太差。由于我们现在所吃的大多数食品都缺乏营养，所以即使是健康饮食，也最好能够再补充一点酶和矿物质。如果你没有矿物质和酶补充剂，就最好在吃饭时先吃一份沙拉，并延长咀嚼时间。这样做可以刺激酶的分泌，更好地消化你所吃的东西。

不要为了减肥而少餐，也尽量不要亏待了自己的胃。只要你开始分泌大脑所需的多巴胺和血清素，你的口味就会发生改变，饮食也会变得更加健康，你会自然而然地想吃适量的健康食品。

有了我们的计划，你就会拥有很多的能量，而不再需要咖啡、甜点、软饮以及其他刺激性的食品。你的早餐鸡尾酒赋予你的能量远远超过茶或咖啡。你的压力也会得到"缓解"，再也不需要借助酒精来放松身心，让夜晚更加愉快。

这并不是说你就不能偶尔享用一点红茶、咖啡、甜点和酒精。虽然这些物质会对你的身体产生负面影响，但对你的精神和心灵却有好处。咖啡或红茶对有的人而言意味着一种情感通道，能带来与好朋友相聚的舒适和安慰。同样，喝酒也会带来友谊、娱乐和放松等情感体验。有了营养丰富的膳食和健康的大脑化学所带来的健康基础，大多数人都能承受适量的不健康食品。

> 垃圾食品可能会对身体有害，但是对精神和心灵却具有情感价值。

如果你每天都非得要吃不健康食品，这就是一种严重上瘾。火星人和金星人的健康法则可以让你远离不健康食品，这样你就不必每天都消化这些不得不消化的食物了。没有了对不健康食品的渴望，你就能更加自由地作出更加明智的选择。如果你本身就很健康，在情感上适量地沉溺于这些物质还是可以的。但如果你身体有病、体重超标或是体重不足，那就需要暂时避免摄入这些垃圾食品。如果你能制造正确的大脑化学，那么这一切就会容易得多。

没有因喝咖啡所造成的脱水，你的身体就能更加有效地吸收营养和矿物质，实现自我净化和自愈。没有因饮用酒精所带来的毒素负担，你的肝脏就能自愈。没有使用精制糖带来的骨骼矿物质流失，你的细胞和骨骼也能自愈。早晨醒来时所从事的锻炼和早餐鸡尾酒所提供给你的丰富矿物质，你就能为身体提供创造健康大脑化学所需的一切。

如果你能一早起来很好地哺养你的细胞和大脑，你的味觉就会在9天之内自动地发生改变，健康食品也会变得越来越香。刚开始的时候，为了帮助你的身体抛弃不健康的老习惯，尽量在你的身边摆满健康的食品，不要让自己看到或接近垃圾食品。

仅仅只是看一眼垃圾食品就能激发情感上的渴望，即使你的身体当时并不需要任何东西。你过去吃垃圾食品的行为一般都和大脑化学物质缺乏及情绪失衡相关，仅仅只是看见垃圾食品就会让你的身体想到过去的时光，从而产生上瘾性的饥饿感或渴望。

在没有治愈垃圾食品这个长期创伤之前，避免让自己接触到它们。这和心理治疗类似。如果有人伤害了你，要让自己忘却伤害，你就不能把他的照片挂在卧室里，让自己上床睡觉和早上醒来都能看见他。

吃多少？

只要你的细胞在早上得到了足够的滋养，你就会自动摄取健康的食物量，不用再斤斤计较卡路里，也不用坚持剥夺性的节食。在我们这个计划中，你需要每天至少吃三顿饭，并尽量加两次零食。身体需要多少就吃多少。开始的时候，如果你觉得自己吃得太多，可以稍加限制。很快你就不需要动用意志力，你只会想要摄取你身体所需要和能够消化的食物量。

理想的方式是，早餐和晚餐吃低热量的食物，中午吃一顿大餐。你的身体一般是在早上7点钟左右开始分泌用来消化食物的酶。7点到中午之间，酶的分泌量达到顶峰。下午2点开始下降，到晚上7点就会停止分泌。如果你在晚上7点以后吃饭，就需要增添一点植物性的消化酶。由于我们的大部分食品都经过了烹饪或处理，所以最好能在每一餐都添加一点植物性的矿物质和酶。

火星人和金星人鸡尾酒的原料

在这里，我将提供一份详细的清单，列出我所推荐的火星人和金星人鸡尾酒的原料以及具体的分量。你越是接近这些分量，这个计划就越是有效。由于每一个人所需的分量都各不相同，你当然也需要给自己一点自由，制作你自己的完美早餐。记住，这些原料只是健康食品，如果适量使用不会产生任何危险的副作用。但是，如果你患有糖尿病，正在注射胰岛素，那么就一定要小心监测自己的血糖水平。如果你的身体已经开始分泌健康血糖水平的胰岛素，那用注射方式提高胰岛素水平就是不健康的。

低热量

你可以在你的早餐鸡尾酒里面调进200～400卡路里的天然有机食品添加剂。所有的健康食品添加剂都标出了每克食品中的蛋白质、脂肪和碳水化合物的含量。只需要把脂肪含量乘以9，蛋白质含量乘以4，碳水化合物含量乘以4，就能得出脂肪、蛋白质和碳水化合物的卡路里含量。

1碳水化合物。碳水化合物的热量应该占总热量的50%，或是25～50克（1克碳水化合物一般等于4卡路里）。如果你的锻炼计划包含了高强度的负重训练，需要的碳水化合物就会更多。增加一个香蕉就会增加100卡路里。尽量避免饮用含有精糖的包装饮料。高质量的果糖比精糖、葡萄糖、蔗糖、玉米糖浆、高果糖浆和任何含有糖精或三氯蔗糖的无糖佐料要好得多。三氯蔗糖是一种新型的化学添加剂，在很多"低碳水化合物"产品中以Splenda的名字出售。你可以添加新鲜或冰冻的水果，达到碳水化合物均衡。下表列出了部分水果及其所含的卡路里量：

水果	分量	卡路里
苹果汁	120ml	58
胡萝卜汁	120ml	50

酸果蔓汁	120ml	73
葡萄汁	120ml	78
橙汁	120ml	55
番木瓜汁	120ml	71
梨汁	120ml	73
菠萝汁	120ml	68
苹果	1个	81
杏子	3颗	51
香蕉	1个	100
黑莓	1杯	72
香瓜	1个	57
枣椰子	2个	44
无花果	1个	37
葡萄	1杯	58
橙子	1个	65
番木瓜	1个	58
桃子	1个	37
梨子	1个	98
菠萝	1杯	77
菠萝罐头	1杯	200
葡萄干	1杯	450
覆盆子	1杯	61
草莓	1杯	45
冰冻和糖腌后的草莓	1杯	245
西瓜	1杯	50

　　参照这个表格，你就可以很容易地决定在你的早餐鸡尾酒中需要多少碳水化合物。要想获得更多的大脑化学物质，还可以再加一点木薯粉和（或）玛珈粉。这两种进口淀粉（类似于土豆）具有特别的功效。木薯在热带国家应用很广泛，是一种最能够刺激血清素分泌的食物，对男性和女性都有好处。玛珈是来自秘鲁的另一种神奇的进口淀粉。这是一种不含咖啡因的提神食物，能提神醒脑、增强耐力、刺激多巴胺的分泌，鸡尾酒中

添加这种原料，你就再也不需要咖啡了。玛珈还是一种强大的性催化剂，对男性和女性都十分有效。

2. 蛋白质粉。在你的混合剂中添加一种高质量的蛋白质粉。蛋白质应该在男人的总热量中占30%，在女人的总热量中占20%。女人如果摄入太多的蛋白质会阻碍血清素的分泌。男人蛋白质摄入不足则会阻碍多巴胺的分泌。

总的来说，男人需要13～30克的蛋白质，平均23克。如果你更强壮，体重在100公斤以上，又没有超标的话，就可以摄入30克。如果你总是想打瞌睡，那就说明摄入了太多蛋白质。女性一般只需要10～20克的蛋白质。

使用蛋白质粉的好处是：你可以在控制脂肪和碳水化合物的同时，又能够得到所需的氨基酸。鸡尾酒合剂能给你提供所有的营养，但是又不会导致卡路里超标。

3. 研磨并加入亚麻籽，以获取必需脂肪酸$\Omega-3$。男人至少要添加20%的优质脂肪，女人则需要30%。有些人可能会认为这个脂肪含量有点高，但如果我们把它折算成200到400卡路里来看，30%的脂肪就不算太高了。让身体摄取优质脂肪的最好方法就是使用高速搅拌器，然后再加入几餐匙的亚麻籽油，男性只需加入一匙。亚麻籽经过研磨就会产生高质量的$\Omega-3$必需脂肪酸。一餐匙亚麻籽是15克，含有57克的脂肪。

你也可以加入大麻籽。大麻籽不是毒品大麻，可以通过网上从加拿大订购。大麻籽不需要研磨。还有一个方法也比较有效，这就是加亚麻籽油。一匙亚麻籽油大约含13克脂肪，对女性来说就足够了。男性则只需要半匙多一点，大约8克脂肪。

如果你头脑不够清醒或想打瞌睡，那么你就需要多摄入一点优质脂肪。为了追求口味的变化，你还可以再吃一把胡桃，以摄取$\Omega-3$脂肪酸。

如果你不自己研磨亚麻籽，也可以买一些亚麻籽粉。亚麻籽粉含有$\Omega-3$，同时也能提供大量的好纤维。

4. 酶。加入从保健食品商店买来的各种高质量的植物酶。确保里面含有各种类型的消化酶。

5. 维生素。加入高质量的多种维生素。确保里面包括了所有B群维生素。要将氨基酸转化为神经递质多巴胺和血清素，就需要维生素B、维生素C和叶酸。要消除对精制糖的渴望，就需要每天添加150微克铬，或每顿饭添加25~50微克铬。

6. 植物性矿物离子。最重要的是加入一大份植物性微量元素和钙/镁添加剂。如果你的矿物质添加剂不易溶于水，也就可能不为你的身体所溶解或消化。正如我们已经讨论过的，高质量的矿物质是这个计划中最重要的一部分。

7. 水和冰。再加上5~6块冰，180~240毫升水，然后开始混合你的鸡尾酒。如果使用果汁来代替水，就要考虑到把果汁计入碳水化合物。冰可以让整个混合剂尝起来味道更好。如果你在尝试减肥，冰还有助于激活你的新陈代谢。

> 在调制完混合鸡尾酒之后，再喝上一杯凉水，帮助你的身体吸收。

印度草医学传统不提倡吃冰。这一禁忌适用于那些忙于生计、积极生活和新陈代谢系统活跃的人。况且当时的人膳食中的矿物质也极其丰富。

冰之所以对减肥有好处，是因为它能刺激身体加热。在冰进入体内以后，身体就必须要燃烧卡路里，将热量补充回去，以保持健康和持续的体温。印度天气太热，吃冰反而会造成身体过热，况且在当时也没有空调这样的奢侈品。

一个健康的人经过两个小时的锻炼之后，新陈代谢就会急剧升高，这种情况下就最好不要吃冰，因为你的身体此时不需过热。如果你由于锻炼而出现体温过高，最好不要吃冰。对于那些并没有锻炼两个或两个小时以上的人来说，冰和冰凉的提神水就很好。喜马拉雅山的山泉水就永远都是凉的，印度的瑜伽修行者就直接喝这样的水，身体却非常健旺。

这7种材料看起来似乎很麻烦，其实一旦你备齐了所有的材料，把它们混合在一起就只需要几分钟时间而已。这样你不但能在早上拥有更多的时间，也可以一整天都感到更加神清气爽。有了这个调合剂，你就可以开始享受健康、快乐和持久爱情的大脑化学所带来的所有益处。

如果白天你感到饥饿，可以吃一点小零食，或用这7种材料再调制一份鸡尾酒。要记住，每次调完，一定要在15分钟之内喝下去，你不能事先调好放进保温杯，稍后再拿出来当零食或午饭吃。一旦你将蛋白质和酶混入了水中，酶就会被激活，开始消化蛋白质。

这个消化的过程需要在胃里面进行，而不是保温杯。预先消化过的蛋白质不但味道不好，而且对身体也不会产生同样的健康效果。这就好像把食物放在外面时间太长以后，食物就会开始降解、发出恶臭、直至最后完全腐烂。

> 每次调完鸡尾酒，一定要在15分钟之内喝下去。

你不能把鸡尾酒做好了带在身边，但是你可以把原材料带上。在旅行的时候，我会把这些原料全部带上，几分钟就能弄出一杯鸡尾酒来。如果因为太忙而错过了正餐，我就会调一杯鸡尾酒，这总胜过什么都不吃。

你可以到保健食品店去购买以上7种材料，也可以找一个已经调好其中某些材料的著名品牌。我在第2章已经说过，我使用的是爱身健丽，你可以通过www.roadtohealth.Isagenix.com在线购买，也可以拨打他们的客服热线

1—877—877—8111。保健食品店或国家营养中心提供的其他品牌质量通常也比较好。

体重可以快速控制

体重控制包括消除多余脂肪、获取更多瘦肌肉、保持理想的体重和脂肪比例。这三个目标都可以通过"火星人和金星人的健康法则"完成。如果你体重不足，你就可以通过增加肌肉质量来增加体重。如果你体重超标，你可以通过燃烧多余脂肪来减轻体重。一旦你达到了理想的体重，这个计划又可以帮助你保持理想体重，而不用剥夺自己的任何快乐。

由于很多人的体重都超标，所以我们首先把重点放在燃烧脂肪减轻体重上面，接着是保持理想体重，最后才是锻炼肌肉质量，在有必要的时候再增加体重。通过燃烧脂肪减轻体重还需要伴随以下四个重要的因素：

1. 排毒。
2. 激活新陈代谢。
3. 低热量高营养的饮食计划。
4. 激发均衡大脑化学的饮食。

火星人和金星人解决方案能够全部做到以上四点。采用这个计划，你的身体就能够比市面上最流行最有效的减肥计划都更有效更快捷地燃烧脂肪。一个星期就能减重1到15公斤。四个星期就能减重5公斤。两个月之内，你身上多余的10公斤赘肉就会完全消失。持之以恒地坚持这一计划，你就能轻轻松松地保持理想体重。

如果你想更快减轻体重，你就可以用一种安全有效的方式加快这一进程，而不必使用含有麻黄、麻黄素、芬芬（Fen-Phen）或咖啡因的有害减肥药。这些物质可以加快新陈代谢，但却会加重心脏负担，对健康非常不利。通过让自己的身体自动净化，你就能更快地减轻体重。

加快新陈代谢的减肥药并不健康。

肥胖是一种病，而你身体会按照天然的设计自动治愈这一疾病，只不过需要一点点助力而已。要激活你身体的自愈能力，燃烧脂肪，首先你必须要让肝脏暂停处理所摄入的毒素。由于多年的饮食过度，你的身体已经充满了毒素，这些毒素都被贮存在多余的脂肪里。如果你能坚持禁食固体食物两天，你的肝脏就能暂停处理新的食物，着手处理和排除身体里贮存的毒素。

一般来说，如果你不吃东西，脂肪就不会燃烧。如果你错过一餐或两餐饭，你的身体就会给你传递食物不足的讯息。新陈代谢随之下降，脂肪燃烧也完全停止。禁食固体食物和完全不吃东西是两回事。你可能少吃了几餐饭，但是仍然得到了身体所需的营养。如果你饮用大量营养丰富的活性水，再加上大量的伸展和吐纳练习，你的身体就会趁此机会清洁自己。

禁食的时候喝大量的水，并做一些低强度锻炼能加快脂肪燃烧，排除体内的毒素。

这个时候，你的身体燃烧脂肪就不再是为了提供能量，而是为了排除毒素。一旦你用水、柠檬、芦荟和一点果糖或蜂蜜代替正餐，就会启动这个排毒程序。有了这些替代材料，你的肝脏就会打开清理原有毒素的绿灯。禁食的时候只吃柠檬和蜂蜜是全世界最古老的疗法之一，在全世界所有医疗和宗教传统中都能见到。

禁食两天能极大地加快减肥进程。比单纯的节食要强得多，因为它不是单纯地依靠燃烧脂肪来提供能量。研究显示，低热量节食再加上大量运动一个星期只能燃烧15磅脂肪。而如果采取禁食的方法并成功地清理身上的毒素，就可以轻轻松松地在一天之内减掉05磅～1磅的体重。

男人一天可能会减掉超过1磅的脂肪，女人则可能略少。但是平均来说就是1磅左右。这比长期严酷节食和高强度锻炼要快5倍。数以千计的人都因为我们这一排毒计划而受益，下面就是其中的两个例子：

> 如果用禁食代替节食，你的身体就可以在一天之内燃烧1磅脂肪。

吉姆在33天之内减重31磅。对吉姆来说，减肥的好处全部都体现在了腰上。30天之内，他的腰围少了整整7英寸。开始的时候他的体重有205磅，到33天以后，体重就只有174磅了。在接下来的保持计划中，他的体重继续减轻，直到最后，达到他的理想体重165磅。

吉姆67岁时，他意识到自己的体重在不断上升，身体也越来越失去控制！尽管他知道自己该采取点什么行动，但是却很难对节食产生任何兴趣。当他听说了我们的身体清理计划之后，他觉得9天时间还可以忍受。和大多数采取这一计划的人一样，他很欣喜地发现自己其实根本不必忍受！他觉得精力充沛，既不感到饿，神经也不紧张或过敏，也不会总是昏昏欲睡。事实上，他感觉棒极了——他感到头脑清醒、身手敏捷。

真正让他兴奋的是量腰围和称体重的时候——33天就减了31磅，腰围减少了7英寸！当他发现自己20年前的晚礼服又重新合身时，你可以想象他该有多么的兴奋！

我很清楚这是怎样的一种兴奋。因为我正是运用了这一计划，在18天之内减掉了15磅，突然之间，我的所有衣服又重新合身，我甚至可以穿上18年前的结婚礼服。

玛吉是一名营养咨询师，20多年来一直为客户提供营养建议。她一直在寻找新的想法和产品来帮助客户取得成功。在看到她的好朋友彼特惊人的减重效果之后，她也受到了鼓舞，决定亲自测试一下这个9天清理计划。

9天之后，她的腰围减少了21英寸，体重减少135磅！人人都注意到，随着腰围的减小，她的面部也发生了变化。接下来的30天，她一直坚持早餐只喝添加了矿物质和芦荟的低热量高营养鸡尾酒。午餐和晚餐也只吃低热量的食物，然后在上午和下午再各加一顿零食。有了早餐清洁饮料和鸡尾酒所带来的均衡大脑化学，她很容易就实现了一天只摄入1500卡的热量，同时不觉得饥饿。在30天的周期结束后，她又减掉了125磅，腰围再次减少了15英寸。在多年的节食斗争之后，再次在镜子中看到真实的自己时，她真的是无比激动。在37天之内，她的体重一共减了26磅，腰围减了36英寸。

和数以千计体验过这一计划的人一样，玛吉也很快地减少了体重和腰围。在这30天的时间里，她说："我觉得生机勃勃、精力十足。我再也不会渴望吃碳水化合物，也没有出现情绪波动。我的身体完全处于均衡的状态，睡眠时间更短，但睡得更香——而且也没有出现盗汗。我很高兴生活能如此健康，也很高兴能为我的客户提供更好的方法。我太激动了，我感觉棒极了，看上去也棒极了。"每一天，她都坚持在早上饮用排毒饮品，并且用营养丰富的鸡尾酒代替早餐。

9天减9磅

吉姆和玛吉是如何做到这一点的呢？他们所采取的只是一个简单的三

步清理计划。

1. 禁食两天。在刚开始的两天，进行清理式禁食。

2. 接下来5天，低热量饮食。在接下来5天，采用低热量高营养饮食计划。在这5天内，用火星人和金星人计划中列出的所有材料调制成低热量（大约250卡）鸡尾酒代替早餐和晚餐。午餐则是常规的健康饮食，避免细麦面包、精糖和奶制品。

3. 再禁食两天。在9天周期快结束的时候，再进行为期两天的清理式禁食。最后这两天是为了巩固前面7天的成果。每次你一旦觉得神清气爽，身体就会想要清理自己，以巩固这种健康状态。经过前面7天，你的感觉会变得好很多，身体也会再次开始净化。最后这两天的清理对于巩固减重成果非常有必要。很多女性虽然体重减轻较少，但腰围减少较多。男性则一般在9天之内能减重15磅左右。

以吉姆为例，他在前9天的周期内减掉了15磅。几个星期以后，他又再次进行了一次为期9天清理，减掉了16磅。在33天之内，他一共减掉了31磅。你可以只进行一个周期，也可以进行好几个，以加快减重的速度，吉姆选择进行两个。有些人则反复好几个周期，几个月之内体重一共减掉了60多磅，同时还保证了健康和活力。

已经有数千人实施了这个简单的清理计划，享受到了一天减1磅的快乐。在我举办的周末班里，我们会一开始就进行两天的禁食。两天之后，大多数男性和女性的服装都会小两个号码。

参加一个有趣的培训班会让参与者心中充满爱，而不是食物，能帮助他们排除毒素，在短短数天之内就奇迹般地治愈过度紧张、糖尿病、肥胖症、关节炎、皮肤病、失眠症、偏头痛和其他慢性疾病。每个人在禁食之后都会感觉好很多。和其他人一起禁食和锻炼可以让事情更加容易。

如果独自一人在家，禁食就会更有挑战性。在毒素被释放到血液等待排出时，你的情绪或精力水平可能会下降。你可能会觉得脾气暴躁、易怒，但是在你还没来得及察觉到的时候，两天时间就已经结束了，这个时候你又进食固体的食物，而且食品尝起来会美味得多。

> 每个人在禁食之后感觉都会好很多，睡得也更加香。

如果你在禁食的时候觉得饥饿，不要放弃，可以吃一点小零食，以保持血糖水平。最理想的零食应该是只有25卡路里左右的热量，里面包括蛋白质、脂肪和碳水化合物，其中碳水化合物可以略多一点。我最喜欢的零食是三片苹果和三颗杏仁。我还喜欢爱身健丽的巧克力或香草饼干，里面含有能维持健康血糖水平的均衡营养。每两到三个小时吃上25卡的零食，这样你就既能达到最好的禁食效果，又避免出现饥饿感。在吃完零食之后，一定要喝240毫升的水。这可以帮助你的身体吸收营养，减少饥饿感。

如果你觉得禁食有困难，或不习惯禁食的话，一定要确保让自己每两个小时吃一点零食。这可以让你的血糖水平保持均衡，将你对食物的渴望减到最低。尽量多活动，找一点娱乐，避免看到食物。

要激活和促进净化反应，一定要避免吃固体食物（除一点小零食以外），每个小时都喝240毫升的水，在里面添加一点柠檬、矿物质、蜂蜜和芦荟。在整点的时候喝一份净化鸡尾酒，然后在半小时的时候，喝一杯240毫升的白水。每次喝完鸡尾酒之后，练习两分钟的蹦跳和甩手吐纳法。除此之外，再做两次火星人和金星人的晨间锻炼，上、下午各一次。这可以帮助你的身体做自己该做的事，减轻排毒症状。

不是每个人都可以进行禁食，尤其是13岁以下的儿童更不适宜。这并不是意志力的问题，而更多的是个人喜好。如果你对一个星期只减2到3磅满意，那你就只需要坚持常规的火星人和金星人饮食锻炼计划就可以了。有些人非常喜欢吃，很难想象可以两天不吃东西，如果两天时间太长的话，你可以采用7天的修订模式。在开始和结束的时候禁食一天，而不是两天。你也可以只禁食到天黑。另一个方法就是跳过禁食，直接启动火星人和金星人计划，用鸡尾酒来代替正常晚餐。我的很多朋友和客户就是运用这种模式在一个星期之内减掉了5到6磅。

在实施这一计划时，那些有甲状腺问题或新陈代谢特别低的人可能一天只会减掉半磅。尽管不能达到一天一磅的水平，但也仍然比其他的减肥计划快了三倍多。所以如果你一天只减掉了一磅，也千万不要泄气。

当心，快速减肥的危险

一天减一磅比大多数专家所认为可能的速度快了5倍。难怪想要减肥的人总是容易泄气。大多数计划都只能让人在一个星期之内减15磅。当某些专家在听到这一惊人结果时，总是认为我们使用了某种利尿剂或刺激新陈代谢的药物，诸如麻黄或麻黄素或芬芬。这些刺激素也能产生快速减肥的效果，但他们对健康不利，而且带来的减重效果也不能持久。

三十年前一种以消化蛋白质构成的减肥项目曾经很流行。这个项目能达到快速减重的效果，但是体重主要是减在瘦体肌肉上，根本就不健康。

由医生所出具的利尿处方药可以让人在几天之内就减掉9磅。但是这样减少的几乎全都是水，体重几天之内又会很快反弹。利尿剂很不健康，因为它们会让你的身体脱水，而不是燃烧多余的脂肪。你的体重或许会减轻，但很快又会反弹。

> 这个计划所带来的体重大幅下降主要来自于脂肪燃烧，而不是水分流失。

很多流行的减重计划使用的是麻黄、麻黄素或芬芬来提高新陈代谢，燃烧脂肪，而并不在乎你吃的是什么。由于新陈代谢高于正常水平，所以你的身体能够将你吃进去的任何东西都燃烧掉。人会很快减重，而且还可以吃大量的垃圾食品。这些计划并不安全，因为他们会加重心脏的负担。有些计划已经禁止，专家也不提倡。

一些医生对实施了火星人和金星人快速减肥计划的人进行测试，发现他们的体重减轻完全来自脂肪的燃烧，并绝对安全。只有在你体重超标的情况下，体重减轻的速度才会变得很快。如果你体重不足，你就会发现同一个计划甚至会让你恢复体重。因此，"火星人和金星人的饮食健身之道"并不是一个减肥计划，而是一个加快身体复原的治疗计划。不管你的身体存在什么问题，这个计划都能够帮助其自我修复。

如果你想增加体重，这个清理计划也会同样适用。九天之后，开始正常的"火星人和金星人的饮食健身之道"，只不过要再加上一天一个小时的负重练习。有了更加健康的肝脏和更好的营养，再加上定期的负重锻炼，你就能为你的身体提供支持，恢复正常健康的体重。如果你想要维持理想体重，遵循标准的"火星人和金星人的健康法则"就可以了。

男人来自火星
女人来自金星
♂ 4

The Mars and Venus Diet and Exercise Solution

♔

第9章
如何才能深深地爱上健康食品

节食很难成功，因为它靠的是意志力。仅凭意志力，人可以把很重的东西举起来，但只能坚持一小会儿，然后就得放下。同样，意志力可以让我们不吃垃圾食品，但是也只能坚持一小会儿，然后就会放弃，重新开始吃精制糖、深加工食品和氢化油。意志力只能让我们坚持一小段时间。总有一天，谨守完美的饮食计划会变成一种负担。

如果你的身体相对来说还比较健康，那么你就不需要随时都坚持完美的饮食计划。你的身体可以应对这种不完美，而且还能在这个过程中变得更加强壮。和食物建立健康的关系和与生活建立健康的关系一样。生活不断发出挑战，要求我们做得更好。我们就这样在挑战中成长。如果事事轻松如意，我们就永远不会长大。如果你不向肌肉发出挑战，就不可能使它得到锻炼。到健身房去轻轻松松地举举重，然后再放下，这并不能对你的肌肉构成挑战，它们也不会变得更强壮。一旦你真的向肌肉发出了挑战，最重要的就是给它充分的时间，让它自我痊愈并成长壮大。

如果想让心灵在爱中成长，而你却一直处于人人都爱你的环境，那么你就永远也不会感受到艰难时刻爱的挑战。只有在对爱寻而不得的时候，爱的能力才有机会获得成长。

在心灵受到伤害的时候，仍然能够去爱和宽恕别人，我们就拥有了真正的爱的力量。获得爱的机会赋予了我们付出爱的能力。最理想的状态是：在孩提时代，我们得到所需要的爱，然后在将来的人生中，我们又能从爱的付出中获得最大的成就感。我们需要获得爱，但是我们最重要的需求却是付出爱。

同样，每天早上享用一顿健康的早餐，在里面调入创造大脑化学平衡所需的所有营养，这样我们就能做好充分的准备，应对生活的压力。有些压力可能是由饮食上的错误或不完善造成的。我们不能蓄意犯错，但是却可以从错误中吸取教训。如果我们的身体有病，我们自然就会有动力采取更健康的食谱。一旦你恢复到了正常的体重，身体也更加健康之后，对于吃什么就可以有更多的自由。

在情感关系中，我们不应该强求那些不爱我们的人，但是一旦发生了这样的事情，在我们遭到拒绝、误解或不为人所赏识时，我们就有机会通过宽恕、慷慨和同情对爱施以回报，也就有机会在爱和性格的发展中成长。

> 在生活中，我们不能蓄意犯错，但是却可以从错误中吸取教训。

最后，只要你爱自己，能够原谅自己的错误，你也就可以爱他人。同样，一旦你接受和原谅了他人的缺点，并能从他们身上发掘闪光之处，你就能更加地爱自己。当你要求别人十全十美时，通常也会对自己有同样的要求。

聆听你的身体

如果你拥有健康的体魄，你就会对健康的食品产生渴望，即使偶尔食用了垃圾食品，你的身体也能够应付，而不会造成体重增加或情绪波动。当你吃错东西之后，你的身体会告诉你。只要你学会了聆听，你就不会过度渴望这些垃圾食品。要聆听你的身体，并从经验中学习，你必须要知道自己的需要。

同样，当我们提醒自己的需要是什么的时候，我们就能够从过去的错误中吸取教训。了解从健康计划中应该得到什么，你就可以更加准确地诠释身体所发出的讯息。

花上几分钟的时间，用以下的引导式冥想设定几个健康预期。让每一个主要的观念深深地进入到你的潜意识，取代原来过时的预期。读完每一段之后，闭上眼睛，回想你所读到的东西。记住每一条的信息，尽量调动你头脑、心灵和身体的体验。一旦你开始"火星人和金星人的健康法则"，每一次锻炼之后，你的目标也就会变得更加清晰和真实。

关于健康身体的引导式冥想

通过以下的引导式冥想，锻炼八个层次的积极情绪、情感和态度。

1. 自信与随意。想象你与食物之间有一种轻松和谐的关系，你充满信心，确信自己可以吃任何想吃的东西，因为你想吃的东西一般都对你的身体和大脑化学均衡非常有利。你的饮食计划让你很轻松，因为它总是很有效。你每一天都在变得越来越健康，越来越快乐。你的身体和大脑都从你所吃的食物中得到了所需的营养。停下来，闭上眼睛，感受这种体验。过一会儿，睁开眼睛，继续下一步体验。

2. 快乐与动力。想象你每天早上起来都动力十足，可以享受30分钟的体育锻炼。锻炼如此快乐，以至于你总是想找机会再做一次。你不但不会感到酸痛或疲惫，反而马上就会觉得精力更加充沛，快乐的内啡肽涌向你的大脑。你的身体会感到极为舒坦。随着你开始平衡大脑的多巴胺和血清素，这个梦马上就会变成现实。停下来，闭上眼睛，感受这种体验。过一会儿，睁开眼睛，继续下一步体验。

3. 自由与丰富。想象自己再也不会对不健康的食物产生渴求，只是单纯地吃着自己想吃的东西；你所吃的任何东西都与你心目中的有益食品和谐一致。你能够在任何时候吃任何想吃的东西。只有大脑化学失衡才会导致我们渴望不健康的食品；健康的身体只会渴望健康的食品，不健康的身体才会渴望有害的食品。感受和享受健康食品的快慰。想一想你所喜欢的一组健康食品，想象你正在吃它，享受每一口食物，然后觉得完全地满足。停下来，闭上眼睛，感受这种体验。过一会儿，睁开眼睛，继续下一步体验。

4. 兴奋与热情。想象你自己正在想念健康食品，渴望一品它的滋味。体验你期待美味健康食品的兴奋之情。想想什么食物对你是有益的。体验一下享用这些食物的感觉，你不仅喜欢这些食物本身，也喜欢吃完这些食物之后的感受。停下来，闭上眼睛，感受这种体验。过一会儿，睁开眼睛，继续下一步体验。

5. 满意与满足。想象你面前正摆着一大盘美味的食物，然后只吃一半你就已经感到满意和满足。尽管你的盘子里还有很多食物。给自己时间享受你的满意，告诉自己只要待会儿饿了，你还可以继续再吃。给你的身体一个机会，消化已经吃下去的东西。想象你发出"嗯，真棒"的声音，觉得满意极了。停下来，闭上眼睛，感受这种体验。过一会儿，睁开眼睛，继续下一步体验。

6. 灵活与掌控。想象自己活力四射，身体健康，并且可以灵活地偶尔吃一点不健康的食品，因为这会让生活更加有趣。如果你从无尽的能量区域掉了出来，要学会原谅自己，因为你知道自己可以很快恢复平衡。如果你体重增加了几磅，你要有信心在几天之内就让自己的身体恢复理想体重。你的体重完全处于掌控之中。通过调整饮食，回到活力健康的区域，你就能燃烧所摄入的任何卡路里。停下来，闭上眼睛，感受你与食物和体重拥有新关系的这份信心和放松。过一会儿，睁开眼睛，继续下一步体验。

7. 可爱与迷人。想象你正在看镜子，并喜欢镜子中的自己。如果你还能想起你在镜子中令人满意的形象，回忆一下那种感觉。如果你从来没有爱过自己的外表，想象一下如果你达到了理想的体重，并具有完美姿态的时候，是一种什么感觉。想象你看到自己站得笔直，镜子中的你具有完美的体形。想象一下热爱自己身体的感受，忽视它的不完美，欣赏它的优点。停下来，闭上眼睛，感受这种爱自己的感觉，满怀信心，知道你的伴侣或将来的伴侣会深深地被你吸引。

8. 更加健康快乐。想象你每天早上可以毫不费力地起床做早操，享受制作高营养鸡尾酒早餐的轻松惬意。每一天，你的身体都在变得更加健康，你的感觉越来越好。你有更多的能量、快乐和爱。停下来，闭上眼睛，感受你与食物和体重拥有这种新关系的信心和轻松。过一会儿，睁开眼睛，做一个深呼吸。在呼气的时候，你感到平和、自信和完满。

经常练习这些引导式冥想，或是把它们录在磁带上，每天睡觉或起床之前聆听一次。通过自动调节你的预期，你就会很轻松地获得理想的饮食习惯和脑部平衡。把以上冥想指南反复读上几次，你也能获得相同的裨益。

熟能生巧、尽善尽美

在传统教育里，人们总是会强调熟能生巧、尽善尽美。在生活中的某些方面，这种态度或许是正确的，但是如果放开了看，这种做法却不一定正确。很多人能够把生活的某一方面处理得尽善尽美，但在其他方面却一团乱麻。在实施这一计划的时候，不要追求完美。失去平衡是不可避免的，你所需要做的是尽量重新找回平衡。

大多数人都知道什么样的饮食习惯是好的，只是很难坚持而已。尽管很多减肥计划都能帮助你减重，但却难以保持。由于其新奇性，开始一个新计划总是能激发更多的多巴胺。

对于多巴胺偏低的男性而言，新计划本身就已经足以让他们行动起来。任何时候，男人只要开始做一件新事情，能量和动力就会上升。如果新的饮食计划不能给他支持，帮助他维持升高的多巴胺，他就会很快失去兴趣。他会对新计划很有兴致，就像面对新感情一样，但却不能保证这种兴致和感情的长久。

对女人来说，要开始和坚持一个新的饮食计划则困难重重，尤其是剥夺性的饮食计划。如果女人不断对自己想要的东西说不，就会降低她的血清素，增加多巴胺。多巴胺的增加会在计划开始时赋予她一定的能量，如果她得不到相应食品的支持，她的血清素水平就会下降，从而对食物产生强烈的渴望。男人则由于血清素水平通常较高，因此更能够承受剥夺性的减肥计划。但男人最终还是会感到自己失去了什么，并终止计划。

身体在不断地寻求平衡。如果你剥夺了自己，钟摆就会最终摆到相反的方向，你就会想要沉溺于享乐，大肆饕餮自己错过的美食。

从根本上说，如果不添加身体所需要的营养，以支持身体细胞和保持正确的大脑均衡，任何饮食计划都不能够奏效。意志力可能会帮助你坚持一个饮食计划几个月乃至几年，但是你的身体最终会不可避免地摆向另一个方向，你又会再次失去优雅风度，完全抛弃你的减肥计划。

生活中没有任何事情是十全十美的。那些总是想坚持完美饮食计划的人注定会屡战屡败，并由此心生心疾。任何想要尽善尽美的人最终都只能收获失望。这个世界上没有任何东西是完美无缺的。

天气是否永远都风和日丽？

气温是否永远都恰到好处？

是否有谁随时都心平气和？

你嘴里说出来的话是否随时都完美无疵？

是否你的所有问题都会有圆满的答案？

你在子女或伴侣面前说话做事反应是否永远都得当？

你在工作或投资中的决策是否永远都成功？

你的伴侣对你的响应又是否永远都无缺？

我希望你对以上所有问题的答案都是"否"。这个世界上没有任何一件事任何一个人是完美的。不完美才是我们的天性和事实的真相。一方面，我们最大的乐趣和成就都来自于不断尽善尽美；另一方面，期望或要求完美又是我们最大的绊脚石。

幸福婚姻的最大障碍就是期望伴侣事事完美。如果我们不要求伴侣成为自身成就感的源泉，我们的感情生活就会容易许多。要维系婚姻关系，我们要学会如何沟通我们的需要、思想和感情。但是最终的一切还是要取决于我们的态度。我们是否对自己的伴侣求全责备？我们是否能接受他们的不完美？只有具备宽恕和接纳的态度，我们才能开放和分享内心的世界。

如果我们不对自己和他人求全责备，爱情生活就会容易许多。

同理，如果我们不期望或要求完美，坚持健康的饮食计划也就会容易许多。要保持健康、快乐和持久的爱情，我们没有必要在任何时候都坚持完美的饮食。我们可以犯一点错误，然后又很快还原。我们可以偶尔放纵一下自己，然后再清理自己的系统，重新恢复平衡。

大多数人的错误都在于过于追求完美。当他们不能达到目标的时候，就会感到泄气，直至放弃。等到他们再次尝试的时候，同样的问题又会再次重演。"火星人和金星人的健康法则"能帮助你走出这一存在于生活所有领域的怪圈。

解决之道：动力

仅仅只是吃健康食品是不够的。要保持健康的饮食习惯，你需要吃能够创造持久动力的食物。给予我们动力的是我们的大脑化学。没有能量和积极的感情支持，意志力只能维持刹那的光华。一旦我们的饮食和锻炼方式能促进荷尔蒙和大脑化学物质的正确分泌，我们就会变得更有动力。一旦大脑受到了激励，健康食品就会好吃得多，我们就会想要去吃它。当健康食品能够让你更加满意的时候，你就可以毫不费力地选择它们，放弃垃圾食品。

一旦大脑受到了激励，健康食品就会好吃得多。

不要去改变我们所吃的东西，而是去改变我们所想吃的东西。有很多事情都可以成为动力，但是只有一件事能让动力得以维持：这就是我们自己想做的事，有了它，一切都会容易得多。用净化、补充和锻炼的方式呵护我们的身体，我们就能够刺激身体和大脑内的荷尔蒙改变我们的所想。有了正确的大脑化学，我们就能很容易受到激励，去摄取健康的有机食品。

即使具备了持久和自主的动力，偶尔不吃饭、吃得太多或享受一点垃圾食品还是可行的。"火星人和金星人的健康法则"所强调的始终都是：在你的食物中补充健康的营养，增加一点东西，而不是拿走东西。这不仅容易得多，而且健康得多。

不要去改变我们所吃的东西，而是去改变我们所想吃的东西。

保持动力

积极改变的第一步是获取动力。对大多数人来说，这并不成问题。我们可以找到很多动力源泉。关于如何改善生活方面的讯息从来没有像现在这么多。仅仅依靠专家、培训师和教练获取动力是不够的。即使一个私人教练天天上门来激励你（当然对于很多支付得起的人来说这可以是一个很好的选择），还是不够的。你的身体、心灵和精神都会不可避免地发起反抗！

如果你把饮食和锻炼计划的重点放在制造能产生动力的大脑化学上，你就能找到缺失的环节，坚持健康的选择。当你的身体和大脑得到了自己所需的东西时，就再也不会感到自己被剥夺，也就自然不会产生反叛的需要。

有了持久的动力，做对自己而言正确和健康的事就不再是一件琐碎、费神和负累的事。需要持久努力才能维持的改变不会长久。如果改变既容易又有效，它就能，也才能维持终生。

> 如果改变既容易又有效，它就能，也才能维持终生。

动力无处不在。重要的是保持动力。拥有正确的大脑化学并不代表我们不需要正确的动力。这同样也是我们法则中很重要的一部分。读有益的书，接触那些达到了我们心中目标的人，这些对于我们保持动力都非常重要。要保持健康，我们需要与同样具有健康意识的人交往联系。

读有益的书、参加宗教聚会、参与教堂集会、看温情的电影、或聆听感情充沛的演讲都会让我们体会到激励的影响。做完这些事情之后，感觉会非常好。我们会突然拥有动力和热情，去成为我们想成为的人。这些激励活动的唯一缺点就是太昂贵了。

我们为什么会失去动力

任何时候，只要我们受到了他人的激励和鼓舞，我们的意识就会发生改变。我们会以一种全新的视角看待自己和生活。我们会突然感觉非常好。我们环顾四周，觉得身边充满了让自己梦想成真的机会。我们看到了自己生活更广阔的画卷。我们仍然会意识到问题，但是我们却具备了克服问题和达到目标的能力。成功总会在某一个地方以某种方式存在。我们体内的每一个细胞都能感觉到这个简单的事实：我们处于正确的时间、正确的位置、做着该做的事。一切都那么的美好！

> 一旦我们的意识发生改变，身体也会随之改变。

意识的转变带来了大脑和身体的改变。受到激励的意识塑造出受到激励的身体。我们不但会感受到鼓舞，而且身体也会更有活力。我们的身体和大脑就是这样与我们的意识状态密切相关。当我们的意识发生改变之后，我们的身体也会随之改变。

反之亦然，当我们的身体和大脑发生改变以后，我们的意识也会随之改变。这就是为什么某种食物、草药或药物能对我们的情绪、心理状况和动力产生戏剧性影响的原因。当药物改变了我们的大脑化学，我们的思想也会随之发生改变。当我们服用某种能够影响大脑和身体化学的食物或草药时，我们的意识也会发生改变。

正是出于这一原因，饮食才会对保持理想的意识状态具有如此大的威力。如果我们的饮食计划能够支持激励性的大脑化学，我们就会有动力去作出改变，我们的身体也就可以支持这一变化，这样我们的动力才能持久。

饮食合理能让精神保持振奋。

有了健康的饮食计划，我们就能保持动力！那么这是不是就意味着，只要我们能保持振奋的精神，用这种状态去摄取能维持健康大脑化学的恰当食物，所有问题就能迎刃而解呢？未必。如果以上观点是真理，这就意味着每个人在吃过几餐健康食品之后，就都会有动力坚持吃正确而健康的食品。听起来不错，但事实并非如此。在天平的另一端还有一个重要的砝码。

身体净化的原则

一旦我们的意识发生了改变，身体和大脑也就会发生相应的改变。我们的身体细胞和大脑马上就会变得更有活力。他们会纷纷开始高速运转。整个身体都会放松下来说："好的，这个运行方式更好，我喜欢这种方式，我想就这么保持下去。"

这就是问题的所在。要保持这种更高昂或更有动力的意识状态，身体必须要能够净化自己，以保持这种更加健康和快乐的状态。要维持更加高昂或更有动力的意识状态，身体需要正确地摄取食物和营养，但是它也需要排除与不健康的运行方式相关的身体毒素。仅仅摄取能均衡大脑化学物质的食物是不够的。身体还必须要排除原有的毒素才行。让我们来深入地看一看这个净化的过程。在这个过程中包含了让改变持久的秘密。

当我们受到鼓舞的时候，我们会这么想："我喜欢这种新的思考方式，我想抛弃旧的不适宜的思考方式。从今天开始，我要放弃所有的诸如'我不能做这个'或'我不能吃这个'这样的老想法和老观念。"

> 当你的情绪变得高昂，身体就会开始自我清理。

在对情势有了更多的理解之后，我们就能够抛弃消极的情绪，重新敞开心扉。我们会有这样一些想法："我想我可以原谅那个人，对他只是不太了解而已。现在我应该放弃反叛，学会原谅，放弃过去的伤害和愤怒。"保持情绪健康的过程就是不断地向过去学习、放弃消极观念和情绪的过程。

身体也会以同样的方式对积极的变化作出回应。只不过你的身体不是去放弃消极的思想、情绪和落伍的观念，而是去清除体内所贮存的毒素和积聚的病毒。任何时候，只要你受到了鼓舞，上升到了一种高昂的意识状态，你的身体就会上升到一种很高的运行状态。要维持这种更高的意识，身体就会开始净化程序。免疫系统变得活跃，开始清除体内的病毒。数百万的有害细菌、寄生虫和病毒都开始消亡。此外，淋巴系统和肝脏也被激活，开始处理和释放积聚的毒素。

假设你赢得了彩票，突然之间会拥有足够度过余生的数百万美元财产。接下来，你出门去买了一整柜的新衣服。回家以后，你必须要做一件琐事——清理你的衣柜，为你所有的新衣服腾出地方。这就是身体净化的原则，你无法避免。任何时候，只要你的情绪发生了正面的改变，你的身体就需要净化自己，以支持这一改变。

有些时候，非常乐观而有爱心的人总是会大腹便便。里面贮存的是多余的毒素，即使是拼命节食和锻炼也无法减掉这些多余的重量。这一般是因为他们成功地提升了自己的意识，但是却没有了解到帮助肝脏进行净化锻炼的重要性。他们能够保持和善与爱心，但是身体却仍然保留着所贮存的毒素。

> 为了停止释放更多毒素，身体就会恢复到意识提升前的状态。

理解了净化的原则，我们就能明确地知道清理排毒以保持高昂意识的价值。每一次在我们作出积极的心理改变之后，血液里的毒素就会释放出来。如果我们不能协助肝脏处理这些毒素，身体就会染上疾病。要保护肝脏和其他器官免于中毒，身体就会恢复到意识提升前的状态，停止净化过程。

一旦我们的身体恢复到了以前的状态，我们的意识也会发生改变。我们的情绪也随之变化，能量也跟着下降。突然之间，我们又会回到受到激励之前的状态。只不过现在我们还会因为没有坚持而深感内疚。

当太多的毒素被释放出来时，你的身体会尽量保护你免于中毒。

星期天我们受到了激励，到了星期一所有的动力又都消失了。有多少次我们曾暗下决心，明天要洗心革面，但事实却从未兑现？又有多少次我们动力十足，想要改善局面，做得更好、吃得更好、锻炼得更好，最后却一切照旧？要保持动力，除了摄入能满足更高的大脑功能所需的食物之外，我们还需要找到一种净化身体的有效方法。

戒除坏习惯会令人生病

记得有一次，我帮助一个客户戒烟。他当时65岁，已经抽了一辈子的烟。他的子女最终说服他戒烟，因为他们不想看到他死于肺癌。这是件很困难的事，但是儿女的爱给了他动力，他于是真的把烟戒了。就在开始戒烟后三个星期，他的咽喉里长出了一个肿瘤，他觉得难以置信。他刚刚戒除了一种致命的坏习惯，结果却患上了另一种致命的疾病。

他决定：与其死于喉癌，不如重新开始抽烟，快活地死去。恢复抽烟几个星期之后，咽喉部的肿瘤竟然消失了。他简直难以置信，这太没有道理了。

一旦他理解了身体净化的原则，一切就变得清楚了。戒烟使他的身体释放了太多毒素，导致他患上了疾病。他没有多喝水，也没有锻炼，以帮助身体释放多年吸烟所积聚的毒素。当他重新开始抽烟之后，他的身体就会停止释放毒素，肿瘤也就不治而愈了。

并不是每次戒除坏习惯都会让人生病，因为人们经常会用一个坏习惯代替另一个坏习惯。酗酒的人戒酒后通常会喝上另一种令人上瘾的饮品。比如，吃太多的糖、喝太多的咖啡或抽烟。如果没有有效的排毒计划，从一种有毒的习惯转到另一种毒性更低的习惯事实上比一次性完全戒除所有坏习惯要健康得多。

排毒的食补

我在希特博士的诊所时，总是一次又一次地震惊于静脉臭氧疗法净化血液的神奇功效。当你在血液中输入更多氧气，毒素就会下降，你的免疫系统就能极大地得到强化，身体中的病毒也会被净化。尽管这种治疗方法非常有效，但如果你每天早上能够进行10～30分钟火星人和金星人锻炼，并且在锻炼前后喝上一杯活性水，你就可以在家享受到很多类似的功效。

早上一起床，喝上一杯加了柠檬汁、矿物质、芦荟和蜂蜜的水，就可以极大地帮助你的肝脏和淋巴系统进行日常的清理工作。有了更加洁净的身体系统，你的精神意识和免疫系统就能得到所需的支持。

通过"火星人和金星人的健康法则"，你就能激活淋巴系统，一次性放弃不好的生活习惯，扫清通往健康的道路。确保你的身体每天早上都能进行一次自我净化，然后你就可以保持动力，只吃健康的食品。有了更加持久的动力，你就能让任何节食计划都发挥作用。

男人来自火星
♂4
女人来自金星

The Mars and Venus Diet and Exercise Solution

第10章
女人吃什么最好？男人吃什么最好？

健康的食谱需要同时照顾到各种营养物质的数量、质量和比例。一般的饮食计划总是倾向于强调这三种因素中的一种。火星人和金星人食谱除了涵盖以上三种因素外，还根据你的性别和身体类型提供了更多更好的食物选择。一般的饮食计划很少考虑到性别差异，也很少有人知道身体类型会如何影响到膳食需求，进而影响到大脑化学和体重控制。这一章，我们将探讨男女各自需要营养的正确数量、质量和比例。

　　只要你每天早上都能摄入低热量、高营养、搭配均衡的鸡尾酒早餐，你就不必一整天都忧心忡忡地恪守完美的饮食计划。有了对正确的数量、质量和营养比例的理解，接下来的一天就会越来越轻松无忧。让我们首先来看一看健康的火星人和金星人饮食的基本元素。

营养物质的数量

　　早餐摄入恰当的热量，你的身体一整天都会处在高峰状态。你不会因为吃得太多而感到负累和疲惫。由于能够更有效地消化和吸收营养物质，你就不会为了保证正确的营养量而紧张兮兮地计算卡路里。你的身体会告诉你需要吃多少。你会惊讶地发现，很多时候你甚至压根不想把盘子里的菜吃完。

如果你不想单纯依赖饥饿感来告诉你正确的食量，还有一个简单的衡量方法，这就是你的手掌大小。确保你在午餐时间摄入的蛋白质大约相当于你一只手轻松握起来的量。

一般人早餐会需要200～300卡路里的食物，如果你已经是理想体重，那就可以多吃一点。如果你超重，低热量高营养的早餐就会告诉你的身体：燃烧多余的脂肪，以获得更多的能量。如果你对此有所疑虑，可以看看健康长寿的罕萨人，他们的早餐热量极低，但他们却能健康地活上一百岁，压根不会受到西方常见疾病的困扰。

如果你的理想体重低于135磅（1磅约等于045公斤），那就吃200卡路里的食物。如果你的理想体重超过了200磅，那你的早餐热量也不能超过300卡。如果你的理想体重介于135～200磅之间，那就把你的理想体重乘以15。

比如，如果你的理想体重是150磅，那你的早餐就可以摄入225卡路里的热量（150×15＝225）。

这是一个好的开端。如果你想要增加或减少热量，那就去增加或减少。听从你的身体，作出正确的调节。

营养物质的质量

如果你在早上摄入了高质量的营养，那么你一整天所吃食物的质量就不会那么重要了。你的口味会发生改变，你会自然地为更加健康的食物所吸引。你对垃圾食品的渴望也会消失。

> 自从不再放养动物以后，动物产品和鸡蛋中的脂肪也发生了改变。

你所要做的就是，任何时候都尽量吃未加工的有机食品、新鲜的蔬菜和水果，自由放养的低脂肪瘦肉型动物产品。自从人们不再放养动物、让它们自由吃草以后，动物产品和鸡蛋中的脂肪也发生了改变。谷物喂养的动物成天都没有机会运动，所以它们缺乏必需的脂肪酸Ω-3。Ω-3对于多巴胺和血清素的分泌至关重要。

好脂肪Vs坏脂肪

过去五年的研究揭示：在膳食脂肪中增加Ω-3能带来许多好处，其中包括缓解妇女经前综合征及缓释男女抑郁症。服用Ω-3脂肪酸补充剂能加速体重减轻。自由放养的动物产品总是最健康的选择。尽管自由放养的动物产品价格更高，但它们确实是物有所值。你所选择的快餐就不是来自于自由放养的动物。

如果你是素食主义者，那你就要保证能够从谷物和豆类中摄入足够的完全蛋白质。一般来说，你需要吃各种各样的谷物和豆类才能获得完全蛋白质。如果每一餐饭没有完全蛋白组合，你的大脑就不能制造出足够的大脑化学物质。

不管是素食主义者还是非素食主义者，摄入丰富的健康蔬菜都很有必要。仅仅只是肉加土豆或是米饭加豆荚（一种完全蛋白组合）是不够的。增加蔬菜种类对人人都有好处。有机蔬菜和食品所含的有害化学物质会更少，也可以含有更多身体急切需要的矿物质和维生素。

精加工食品流失了矿物质、酶和维生素。无论是普通食品还是有机食品，经过烹饪之后，其中最重要的酶就会被杀死。要获得足够的酶，就要尽量多吃生食，如果仁、干果、胡萝卜、西红柿、生菜和西芹。任何时候都要尽量在食品中加入这些东西。生菜的颜色越深，所蕴含的矿物质也就越多。如果你没有摄入足够的生食或高质量的有机食品，那就要在食物中补充酶和矿物质。

> 一餐开始的时候先吃一点生食，这样可以给你的身体提供足够的酶，以消化其余的食物。

即使是只吃几种生食，也比完全不吃要好。一餐开始的时候先吃一点生食，这样可以给你的身体提供足够的酶。多咀嚼生食也能激活身体运用这些酶的能力。消化从口腔就开始了。

有很多专门讲解好脂肪和坏脂肪的书，我最喜欢也觉得最容易理解的两本分别是安·路易斯·吉托曼的《吃脂肪，减体重》（Eat Fat, Lose Weight）和黛安娜·席沃茨拜的《席沃茨拜原则》（The Schwarzbein Principle）。它们不仅打破了脂肪有害的神话，而且还言之有理地证明了某些脂肪其实对人是有好处的。深加工食品中存在大量坏脂肪，在食物标签上如果有氢化脂肪的字样，就说明是坏脂肪。在脂肪中加入氢气可以延长油的存放时间。如果油或脂肪存放起来都不会腐化，那就说明你的胃也消化不了它。这样的油不仅对身体毫无用处，而且还有毒。氢化脂肪又被称为逆态脂肪（trans fat）。

研究显示，逆态脂肪会造成细胞功能削弱、动脉闭塞和退化病变。当你食用坏脂肪时，你的身体无法将其识别出来，也不能对其加以处理，更别说从中受益。而且，它们还会干预身体有效处理好脂肪的能力。这些逆态脂肪在现代西方饮食中非常普遍。

> 油炸土豆卷和小甜圈是令人开心的食品，但要尽量少吃，因为它们会毒害身体。

比如，所有的油炸食品和人造黄油中都含有这种有害脂肪。经过高温烹饪，油炸食品中的脂肪全部转化成了逆态脂肪。在人造黄油和起酥油中就存在这种有害的逆态脂肪酸，这可以说是所有食品中危害最大的脂肪。

以下这些食品都含有逆态脂肪酸，应该尽量少吃或不吃：瓶装沙拉酱、油炸食品、高温烹煮的高脂肪肉类（一分熟到三分熟）、氢化油、人造蛋黄酱、人造酸奶油、猪油或起酥油、非乳品咖啡伴侣、密封罐奶油以及所有使用了氢化油的加工食品和快餐。油炸土豆卷和小甜圈是令人开心的食品，但要尽量少吃，因为它们会毒害身体。如果你真的渴望吃垃圾食品，那就尽量选择稍微健康一点的垃圾食品，比如冰激凌、巧克力或一些流行的健康棒，如：能量棒（PowerBar）、区域棒（Zone Bar）、月神棒（Luna Bar）或平衡棒（Balance Bar）。

大多数专家都承认我们缺乏Ω-3脂肪酸。很多研究都显示，一天一到两匙亚麻籽油会对健康、能量水平和情绪稳定产生极大的影响。你还可以将亚麻籽油和橄榄油混合使用，让沙拉的味道变得更好。火星人和金星人的早餐就包括了亚麻籽油或大麻籽油等富含Ω-3脂肪酸的天然膳食脂肪。

简单碳水化合物与复杂碳水化合物

碳水化合物又分两种基本类型：简单碳水化合物（单糖）与复杂碳水化合物（多糖）。简单碳水化合物主要是指调味糖和其他天然甜味剂、水果中的果糖以及牛奶中的乳糖等。复杂碳水化合物则常见于淀粉、谷物、豆类和蔬菜中。简单碳水化合物和复杂碳水化合物都能分解成供身体使用的葡萄糖。两者之间最大的不同就在于单糖能更快地溶入血液之中。

大脑需要从血液中不断获得糖的供应。如果血糖不足，你就会无精打采、神志不清。血糖太多同样不好，胰腺会释放出胰岛素降低血糖。吃糖太多就会导致血糖时高时低。要避免这种情绪上的大起大落，就要多吃复杂碳水化合物。他们溶入血液的时间更长，也更加健康。

能快速溶入血液的碳水化合物升糖指数也高，而那些速度慢的健康食品升糖指数也低。后文我们将分别列举出高升糖指数和低升糖指数的食物。

在选择碳水化合物时，要记住以下几点：

★ 天然果糖（水果中所含的糖分）比单糖好得多。因为天然果糖在进入血液之前必须先经过肝脏的处理，这样就比其他精制糖和天然甜味剂进入血液的时间要慢得多。而单糖则会直接进入血液，很容易引起情绪波动、过度活跃和体重增加。

★ 高升糖食物如果和蛋白质及脂肪同时食用，就可以减缓糖分的吸收，避免血糖骤然升高。

★ 能量水平与所吃的食物直接相关。高升糖食物（简单糖）能让你的能量急速升高，但也会迅速降低。升糖指数较低的食物则能够更长久地提供能量。

★ 精制碳水化合物（简单或复杂）缺乏有机食品所富含的维生素、矿物质和膳食纤维。这些精制产品还会消耗你体内所贮存的矿物质和维生素。

食用精制或深加工的碳水化合物会加快血糖降低，导致对食物的渴

男人来自火星 女人来自金星 4

望。这种渴望会造成身体失衡，使你的食量超出实际所需。有了均衡的早餐，这种冲动就会减弱。任何时候都要尽可能少吃精制食品或深加工食品，这样才能保持稳定健康的血糖水平。稳定的血糖意味着无穷的精力。如果你在下午吃完饭以后反而觉得精力下降，就是由低血糖造成的。

营养的比例

每天早上喝下一杯均衡的早餐鸡尾酒，你就能得到身体所需的适量蛋白质、碳水化合物和膳食脂肪。要掌握正确的比例，你只需要遵循火星人和金星人的方程式，在你的早餐鸡尾酒中加入适量的特定材料就可以了。

我们已经讨论过，要获得理想的大脑化学，男人和女人都需要50%的碳水化合物。只不过男人需要30%的蛋白质和20%的脂肪，女人则需要20%的蛋白质和30%的脂肪。有了火星人和金星人的这一营养比例，你就能拥有完美的食品组合，创造健康的大脑化学。

男人的蛋白质比例更高，女人的蛋白质比例更低，这是为了保证男人能得到足够的蛋白质以制造多巴胺，女人避免因摄入过多蛋白质而阻碍血清素的分泌。膳食中的脂肪越多，就越能制造更多的催产素，这对女性尤其有利；更多的蛋白质则能够制造更多的睾丸素，对男性会很有利。当女人的食物中缺乏好脂肪时，她就会渴望吃太多的食物。当男人摄入的蛋白质不足或所摄入的蛋白质无法消化时，他们也会吃得太多。

> 男人需要30%的蛋白质和20%的脂肪，女人则需要20%的蛋白质和30%的脂肪。

更多脂肪可以帮助女性激发前列腺素的分泌，保持荷尔蒙平衡，以刺激更多血清素分泌。女性天生拥有更多的脂肪受体细胞，因为她们对荷尔蒙的要求比男性更大。脂肪太多则会让男性制造太多的血清素，导致嗜睡和精力下降。

因此，女性比男性的脂肪多，同时也意味着她们需要更多的脂肪。但是，不管是男性还是女性，都要注意把整体的脂肪摄入量维持在较低的水平。美国人确实吃了太多的脂肪，但总的来说脂肪只是一个替罪羊。早上如果不能吃一顿高质量的低热量早餐，大多数人都会摄入太多的营养，而不只是脂肪。造成心脏病、糖尿病和高血压的并不是太多的脂肪，而是所有的营养都太多了。

一项针对7个国家12000名男性所做的调查显示，希腊克利特岛上的男性比接受调查的意大利、荷兰、芬兰、南斯拉夫、日本和美国男性明显要健康许多。阿特米斯·P·西蒙波乐斯博士在《欧米茄饮食减肥法》（The Omega Diet）一书中介绍了这一神奇的克利特饮食减肥方法。这一方法已被证明对患有癌症和心脏疾病的人有极佳的疗效，同时对控制体重和缓解压力也非常有效。在克利特岛上，膳食脂肪的摄入量通常都会占到总卡路里量的40％！

在他的《进入区域》一书中，巴里·西尔斯描写了美国社会对脂肪的恐惧。他用一种清晰明了和令人信服的方式指出了保持碳水化合物、蛋白质和脂肪均衡的重要性。他推荐的碳水化合物、蛋白质和脂肪比例是40：30：30。很多世界级的运动员也都认识到了将脂肪摄入量增加到30％的重要性，他们的耐力也因此得到了提升。

即使吃的是好脂肪，如果每一顿饭都暴饮暴食的话，无论你将脂肪控制在何种比例都不会健康。所有美国人，不管他是体重超标、骨瘦如柴、还是完美适中，他们所摄入的热量一般都超出所需的一倍以上。他们摄入的脂肪比例或许很健康，在20％到40％之间，但是他们所食用的脂肪总量却是所需要的两倍。在这种情况下，杀死美国人的并不是脂肪比例，而是脂肪总量。

在看过各式各样的减肥计划之后，我们可以很容易地知道，20%到40%的好脂肪、富含Ω-3脂肪酸的膳食计划毫无疑问是健康的。所以，你可以放松身心，好好享受食物中更多的好脂肪。

膳食均衡

每天早上，像一个精确计算药物剂量的医生一样，给你的身体补充均衡的营养，就可以激活你的新陈代谢，刺激大脑化学物质的分泌，这样在这一整天的时间里，你都会自然地渴望均衡的饮食。

这一天里，你所需要做的就是确保你的每一餐能够从蛋白质、碳水化合物和膳食脂肪中获得大致相等的热量。如果你所摄入的营养物质质量还不错的话，你就可以想吃多少就吃多少。

如果你吃的是深加工的食品，那么你就可能会需要动用一点意志力了。深加工的食品缺乏营养，而且会让你比实际情况更感觉饥饿。

> 深加工的食品缺乏营养，而且会让你比实际情况更感觉饥饿。

如果你知道自己吃得太多，并且很难减少饮食量，以下是六种帮助你停止进食的策略：

1. 慢慢地吃，并告诉自己，如果你能剩下一点不吃，饭后就可以吃甜点。在餐馆用餐的时候，人们总是会强迫自己把盘子里的东西吃完，以免伤害厨师的感情。告诉自己你要留点空间吃甜点。在等甜点的时候，你就会很容易停下来。在你点了甜点之后，你可以和其他人一起分享，不要觉得自己必须要把它吃完。

2. 把食物放在你看不见的地方，然后起来走一圈。告诉自己，如果你回来仍然觉得饿，你就可以再吃一点。即使是只走到浴室也会有一定的效果。

3. 先停止进食，喝一杯柠檬水，然后再看你是不是还想吃。

4. 先停止进食，喝一杯柠檬水，然后再吃一份甜点，或告诉自己如果待会儿还觉得饿就可以吃点甜点。柠檬会帮助你保持血糖水平，这样你就不会渴望吃更多甜食了。

5. 先停止进食，喝一杯柠檬水，然后再许诺如果一个小时以后你还觉得饿就可以把剩下的饭菜吃完。

6. 在两餐饭之间吃一点零食或喝一杯低热量高营养鸡尾酒，确保不要错过任何一顿饭。如果你不吃午饭，就很难做到在晚餐的时候不会吃得太多。这种时候，在晚餐之前先喝一杯调制的鸡尾酒就能帮助你避免暴饮暴食。

要记住，饮食均衡并不一定要精确或完美。只是要保证食物中既要有蛋白质、碳水化合物，又要有脂肪。而且男人一般需要更多的蛋白质，女人则需要更多的膳食脂肪。即使是比例不完美也不要担心。人很容易会对膳食比例产生盲目的狂热。我们在生活中从来都不会有真正的完美，那又凭什么期望在饮食上做到这一点呢？

确保每一顿饭你都摄取到了这三种基本营养：蛋白质、碳水化合物和脂肪。下面是我最喜欢的膳食搭配，它们很好地说明了如何保持各种营养的均衡：

★ 如果你吃的是硬面包圈或烤面包，就一定要加上一点三文鱼、鸡肉或金枪鱼，以获取蛋白质；再加一点黄油或奶油干酪，以获取膳食脂肪；

加一点生菜，以获取生食。记住，烹饪食品会将其中的酶全部杀死。如果你只吃烹饪过的食品，那就要在饭后补充一点酶。

★ 如果你想吃得清淡一点，就只吃两片大麻籽面包加黄油和果酱。里面含有你所需要的所有蛋白质，以及大量的 $\Omega-3$ 膳食脂肪。加一点黄油和果酱可以调节口味，这样你就能拥有完整的一餐。你也可以在面包上加一点意大利干酪和一片西红柿。这是一种更健康的比萨。大麻籽面包含有大量纤维，对身体很有好处，我几乎每天都会吃一点大麻籽面包当零食。

★ 如果你吃的是高碳水化合物和高血糖的烤土豆，那就加一点奶酪、黄油或酸奶油，以获取膳食脂肪；再加入一点熏肉或黄豆熏肉末，以获取蛋白质；然后再加一点绿色的小香葱来获取酶。这样，你就达到了基本营养物质的均衡。甘薯或山药加上黄油和蛋白质对女性尤其有利。在日本，女性总是用甘薯来当早餐。甘薯非常有利于在早晨制造血清素，在日语中根本就没有经前综合征或潮热这样的词。

★ 如果你午饭吃的是沙拉，一定要在里面加上大量的原生橄榄油，以获取膳食脂肪，再加上一点蛋白质，如鸡肉、三文鱼、鸡蛋或火鸡。

★ 如果你吃的是米饭、燕麦或荞麦，这些全部都是碳水化合物，最好在上面再加两个煮鸡蛋。鸡蛋的蛋白含有大量的蛋白质，蛋黄则含有身体所需的脂肪。要尽可能使用含有 $\Omega-3$ 的鸡蛋。

★ 如果你吃的是烤面包和果酱，而且面包并不是高蛋白的亚麻籽面包，那就加入大量的花生酱或杏仁酱，以获取蛋白质和脂肪。果仁的蛋白质和脂肪含量都很高。由于它们都是生食，所以你还能得到一些酶。

★ 零食我通常会吃几餐匙杏仁果酱、几片苹果和一点蜂蜜。把这几样东西和在一起吃棒极了！

★ 如果你要吃水果，就最好在这种健康的果糖碳水化合物基础上添上一把喜欢的坚果，以保持均衡。

★ 如果你要吃土豆和肉食，一定要在餐前先吃一点沙拉。沙拉是生食，可以为你提供足够的酶，帮助你消化烹饪过的食品。沙拉里面的健康橄榄油比动物油脂更能激活你的身体燃烧脂肪和处理氨基酸。这样，你就能为你的身体提供所需的一切，制造能带来健康和快乐的大脑化学。

★ 如果你要吃用精制糖做成的甜点，一定要保证是在饭后进行。胃里面的脂肪和蛋白质会减缓糖溶入血液的速度，从而减少发生血糖升高的机会。

★ 如果你要吃甜点，一定要确保同时保持蛋白质、脂肪和碳水化合物的均衡。比如，桃子是碳水化合物，加一点坚果以增加蛋白质，这样就会让你的甜点更加健康。如果你要吃冰激凌，加一点坚果仁可以达到更好的均衡。

★ 如果你要吃寿司，一定要在饭团之外搭配生食脂肪和蛋白质或烹饪过的鱼。再加一点海带，这样就可以得到大量的矿物质。味噌汤可以帮助你杀死生鱼片中的寄生虫。我最喜欢的是鲔鱼寿司。里面含有大量的Ω-3脂肪。吃生鱼片可以让你的身体得到所有消化所需的酶。在所有鱼中，三文鱼、鲔鱼、鲭鱼和沙丁鱼的Ω-3含量最高。

★ 如果你早餐要吃鸡蛋，那就可以做乳酪蛋卷，加上大量的蔬菜，以达到蛋白质和碳水化合物与脂肪的平衡。西葫芦、南瓜、柿子椒、蘑菇、洋葱、西红柿、芦笋和西兰花都是很好的选择。

★ 我最喜欢的一种快餐是墨西哥牛肉饼，在全麦饼或玉米饼上放上融化的意大利干酪，加上莎莎酱和几片鳄梨，再加一片火鸡肉或鸡肉以增加蛋白质。如果你时间比较充裕，还可以在上面再加一点罐头豆豉和几个煎鸡蛋。

最后还要记住，和均衡同样重要的还有每一种营养物质的数量和质量。你可能会保持了恰当的营养比例，但却摄入了太多的卡路里，这样你的大脑化学仍然会失衡，仍然会对不健康的食品产生渴望。你可能会有完美的比例和正确的热量，但是食物的质量却不太好，在营养上缺乏矿物质、维生素、好脂肪、完全蛋白质和好的碳水化合物。

保持血糖平衡的饮食

要增加大脑的血清素和多巴胺含量，我们需要丰富的碳水化合物。与此同时，我们又要注意保持血糖平衡。如果血糖太高，就会释放出胰岛素以降低血糖。血糖水平较低就会减少大脑化学物质的分泌。要保持血糖的均衡，就要少吃高升糖食物，多吃低升糖的复杂碳水化合物。

低升糖化合物能促进色氨酸的稳定摄入，增加血清素的活动。在保持恰当的蛋白质比例的情况下，男人则可以制造出大量的多巴胺。

高升糖食物本身并没有问题，但是应该适可而止，而且应该搭配正确的蛋白质和脂肪比例。如果你对糖更敏感，那就要保证少吃高升糖食品，多吃脂肪。

比如，小甜饼的升糖指数很高，但冰激凌的升糖指数就很低。这是因为冰激凌中的脂肪能减缓糖分进入血液的速度。如果一种食物的升糖指数很高，而你只吃了一点，就会比你吃大量低血糖的食物要好。对大多数人来说，一个小甜饼并不成问题，吃一整袋小甜饼才会让你的血糖飙升。

下面的清单按升糖指数将碳水化合物从高到低排列出来，需要谨记的是，在碳水化合物中加以恰当比例的蛋白质和脂肪，就可以降低血糖水平。

超高

白面包和其他精面产品

酥皮糕点、油炸圈饼和小甜面包

土豆泥或即食土豆泥

糖果棒、巧克力和小甜饼

深加工的水果糖（加糖）

白米和即食米

炸玉米片

爆米花和米饼

高

脆玉米片和其他深加工的谷物早餐

葡萄干及其他风干的水果

烤土豆、水煮土豆及油炸土豆卷

香蕉、芒果、杏子、菠萝、西瓜

烹饪过的胡萝卜

精面通心粉

蜂蜜

中等

全麦面包及其他有机粮食

糙米

不含糖的有机谷物

蒸粗麦粉

甜菜

苹果酱

柳橙汁和葡萄汁

全麦或混合面通心粉

玉米

甜薯和山药

绿豌豆

葡萄、柳橙、桃子、蓝莓

小扁豆和青豆汤

方便面和即食通心粉

奶油冻

低

绿叶蔬菜

酸奶（低脂，不含糖）

芸豆、黑豆和褐豆

青豆和黄豌豆

小扁豆

鹰嘴豆

苹果、梨、洋李、樱桃、葡萄

大豆

西红柿

蘑菇

花生

冰激凌（的确如此，冰激凌所含有的脂肪降低了其升糖水平）

果糖

全脂和脱脂牛奶

非常低

大豆

花生

能增加女性血清素的饮食

要制造更多的血清素，你可以将这种均衡血糖的饮食方法与选择特定的高色氨酸蛋白质结合在一起。下面所列出的是色氨酸水平相对高出苯基丙氨酸和亮氨酸的蛋白质。当色氨酸不必与更高水平的苯基丙氨酸和亮氨酸相竞争时，色氨酸的摄入就会增加，血清素水平也会升高。苯基丙氨酸主要负责制造多巴胺，而且会阻止血清素的分泌。亮氨酸则会分解色氨酸，理想的能刺激血清素分泌的食物应该具有较高的"血清素分泌因子"，也就是色氨酸相对于苯基丙氨酸和亮氨酸的比值。

食物	血清素分泌因子
1. 欧芹	1.00
2. （食用）牛肝菌	.98
3. 海藻——海带	.40
4. 大枣	.35
5. 番木瓜	.31
6. 鸡油菌	.29
7. 丝兰	.29
8. 木薯	.29
9. 啤酒	.25
10. 洋葱	.24
11. 意大利波多贝拉野生菌	.23
12. 蘑菇	.22

38. 甘薯 .15

39. 丝瓜 .15

40. 南瓜 .15

41. 番石榴 .14

42. 巧克力 .14

43. 番茄酱 .14

44. 荞麦 .14

45. 水晶梨 .13

46. 杏仁 .13

47. 西红柿 .13

48. 南瓜籽 .13

49. 芝麻 .13

50. 土豆 .13

51. 球芽甘蓝 .13

52. 全麦面粉 .13

53. 无花果 .12

54. 香蕉、葡萄 .11

能增加男性多巴胺的饮食

要制造更多的多巴胺，我们需要对高升糖食物多加小心。它们不仅会降低大脑化学物质的分泌，还会造成血清素的急剧升高，从而降低男性的多巴胺水平。吃高蛋白、低升糖的碳水化合物有助于保持成年男性和男童的血糖稳定，以保证他的大脑既能制造出多巴胺，又不会产生太多血清素。要保障多巴胺的分泌，就应该吃高蛋白低脂肪的食物。太多的脂肪会阻止多巴胺的分泌。

　　下表列出的是部分低脂肪的蛋白质。要记住，这些蛋白质对女性来说也是很好的食物。它们只是对男性特别管用而已。下表一共列出了55种最好的高蛋白、低脂肪、能刺激多巴胺分泌的食品。右边一列所列出的是这些食物的脂肪和蛋白质的比例。对男性而言，一餐饭的理想脂肪与蛋白质比为68％，女性则为150％。如果比例为100％，则意味着含有相同热量的脂肪和蛋白质。如上文所述，女性天生更多脂肪细胞，因此需要更多的膳食脂肪。

食物	脂肪与蛋白质比（%）
1. 蛋白	0（全是蛋白质，没有脂肪）
2. 乳清	0—2.5
3. 赤小豆、芸豆、菜豆和绿豆	2-10
4. 螃蟹	6
5. 鳕鱼	8
6. 比目鱼	9
7. 脱脂牛奶	9
8. 鲍鱼	9
9. 龙虾	10
10. 蛤蜊	15
11. 黑豆	15
12. 低脂干酪	16
13. 虾	19
14. 海鲈鱼	25

15. 火鸡（去皮白肉）   25

16. 大比目鱼   25

17. 螺旋藻   31

18. 鸡肉（去皮白肉）   33

19. 咸豆沙   36

20. 英式麦果松糕   37

21. 旗鱼   44

22. 英式松糕   45

23. 牛肝和鸡肝   45

24. 一片瘦肉火腿   50

25. 鲫鱼   50

26. 亚麻籽面包   57

27. 火鸡（去皮红肉）   57

28. 金枪鱼   63

29. 低脂酸奶   64

30. 三文鱼   70

31. 果冻酸奶   75

32. 牡蛎   75

33. 丁骨瘦牛柳   80

34. 低脂牛奶   81

35. 瘦羊肉   81

36. 鸡肉（去皮红肉）   83

37. 燕麦粥   83

38. 干贝   90

39. 印尼豆豉   90

40. 鸭肉（去皮）	100
41. 沙丁鱼	112
42. 豆腐	112
43. 小扁豆	112
44. 水煮青大豆	122
45. 大豆果仁	122
46. 低脂意大利干酪	129
47. 鸡肉（带皮红肉）	141
48. 超瘦碎牛肉	144
49. 鲭鱼	150
50. 火鸡香肠	150
51. 鸡肉或火鸡肉热狗	160
52. 鸡汤面	162
53. 整鸡蛋	200
54. 普通碎牛肉	205
55. 全脂酸奶	209

所有的谷物——大麦、荞麦、玉米、粟、黑麦等的蛋白质含量都不高，脂肪含量更是极低。它们对男人和女人来说都是健康的低脂食物。在这个图谱的另一端就是应该谨慎食用的高脂肪蛋白质食物。下表所列出的就是应该谨慎食用的高蛋白高脂肪食品。

食物	**脂肪与蛋白质比（％）**
56. 瑞士奶酪（以及大多数其他奶酪）	218

57. 全脂牛奶	225
58. 普通丁字骨牛柳	270
59. 切达干酪	297
60. 羊乳酪	330
61. 熏肉	350
62. 香肠	360
63. 花生酱	401
64. 肋排	472
65. 花生	487
66. 杏仁	525
67. 牛肉腊肠	545
68. 腰果（大多数坚果的脂肪含量都很高）	675
69. 山核桃	1866
70. 澳洲坚果	1875

高脂肪蛋白本身并没有问题，只不过摄入的分量要小，而且要和一些非脂肪蛋白搭配。上文已经讨论过，脂肪本身是好的，但一餐的总卡路里量不能超过20%—40%。比如，吃几颗山核桃是可以的，但要把它们看做是在补充脂肪，而不是蛋白质。

摄入更多的必需脂肪酸Ω-3

摄入太多蛋白质会阻碍女性的血清素分泌，因此要保证血糖水平的均衡，女性需要依赖摄入更多的好脂肪来减缓高升糖碳水化合物的释放速度。尽管男人有大量的蛋白质来减少碳水化合物的升糖指数，男人仍然会需要这些好脂肪来制造大脑化学物质。和女人一样，男人需要的必需脂肪酸Ω-3比Ω-6要多，但总体数量则都比女性要少。以下所列出的是含必需脂肪酸Ω-3较高、Ω-6较低的一些食品。通过摄入更多的Ω-3，我们能恢复身体的正确平衡。

1. 各种冷水鱼：三文鱼、鲭鱼、鳕鱼和金枪鱼

2. 海洋蔬菜：海苔、羊栖菜、昆布

3. 胡桃

4. 南瓜籽

5. 大豆

6. 芸豆

7. 亚麻籽和亚麻籽油

8. 大麻籽和大麻籽油

9. 鳕鱼肝油

要尽量少吃或不吃的氢化脂肪

上文已经讨论过，要避免食用逆态脂肪和氢化油，应该像对待垃圾食品一样对待它们。在大多数垃圾食品中都有它们的身影，购买这些东西时一定要花点时间检查一下标签，看看里面是不是有氢化油。质量较好的小甜饼和薯片等一般不会使用这种有害的脂肪。很多企业喜欢使用氢化油，以延长产品的存放时间。很多食品商都知道氢化油会让人更容易上瘾。以下是一些氢化脂肪含量很高的食品：

1. 人造黄油

2. 小甜饼

3. 白面包

4. 糖果

5. 蛋糕

6. 油炸甜圈

7. 薯片

高饱和脂肪食品

在室温环境下仍能保持固态的脂肪就是饱和脂肪，如黄油和由植物油制的起酥油。很多研究都显示，太多的饱和脂肪会增加患心脏病和肥胖症的风险。如果我们在膳食中能加入必需的脂肪酸$\Omega-3$和$\Omega-6$来平衡，就可以将这种风险减到最低。通过在膳食中补充$\Omega-3$较高的脂肪，我们就不必担心摄入的饱和脂肪太多。

吃太多高饱和脂肪食品会降低你的能量、动力和清醒程度。研究显示，高脂肪食品会导致敏捷度和注意力下降。太多的饱和脂肪还会阻碍多巴胺的分泌。要想创造健康的大脑化学，就只需吃适量的瘦肉。以下所列出的是饱和脂肪含量较高的食物：

1. 牛肉

2. 猪肉

3. 羊肉

4. 午餐肉

5. 香肠

6. 热狗

7. 黄油

8. 蛋黄酱

9. 冰激凌

10. 奶油干酪

11. 鸡蛋黄

12. 奶酪

13. 全脂牛奶和奶制品

14. 椰子

挑选烹饪用油

不幸的是，我们一般只能从烹饪油中获得大量的必需脂肪酸。大多数由坚果、种子和谷物所制成的烹饪油都含有相对较高的 $\Omega\text{-}6$，但是却没有 $\Omega\text{-}3$。植物油给人的感觉很健康，但其实则不然。其中就包括用红花、葵花籽、玉米和花生制成的油。比较好的油是用油菜籽、大豆和芝麻制成的油。它们的 $\Omega\text{-}6$ 含量较低，$\Omega\text{-}3$ 的含量则相对更高。

> 植物油给人的感觉很健康，实则不然。

橄榄油的健康特质众所周知。希腊人的饮食中橄榄油的用量非常高，他们患心脏病的比例是全世界最低的。研究显示，每天食用橄榄油的女性患乳腺癌的几率低于25％。橄榄油的好处数不胜数。很多专家都认为，冷加工的原生橄榄油是最好的。橄榄油的 $\Omega\text{-}3$ 含量并不高，但是它的 $\Omega\text{-}6$ 的含量很低。通过减少摄入 $\Omega\text{-}6$，你就可以恢复 $\Omega\text{-}3$ 和 $\Omega\text{-}6$ 的健康均衡。由于食用了很多的肉、蛋、鱼和奶制品，我们所摄取的 $\Omega\text{-}6$ 已经太高了。

要制造大脑化学，最好的烹饪油就是橄榄油和芝麻油。加拿大生产的菜籽油也是很好的烹饪油，Ω-3的含量很高，Ω-6的含量则较低，但是很多人认为这种油经过了太多的加工。

> 菜籽油是很好的烹饪油，Ω-3含量很高，Ω-6含量则较低。

很多专家认为加拿大生产的菜籽油比美国生产的菜籽油更健康。菜籽油是由加拿大人发明的。加拿大所制造的菜籽油质量更高，也没有被过度加工。我个人使用和推荐大家使用的则是加利福尼亚的"光谱"牌（Spectrum）菜籽油。

由于你的食物中已经含有很多脂肪了，所以任何时候都应该尽量避免用油来烹饪食物。只要有可能，最好是用烤、烘、焙或烧烤的方式来烹饪肉和鱼，蔬菜则最好用蒸的方法。

印度人一般食用酥油。酥油相对黄油的优势是高温也不会燃烧。印度的民间传说中流传着酥油的很多治疗功效。酥油里面既没有Ω-6，也没有Ω-3，但是卡路里含量很高，所以也不能多吃。黄油其实也不错。

很多营养学家现在推荐椰子油作烹饪油或直接涂抹在面包上，以满足你对黄油和其他油的需要。由于椰子油的饱和脂肪含量很高，曾一度被认为会增加胆固醇。这些早期研究针对的是氢化椰子油，这是一种逆态脂肪，对身体有害。现在可以买得到非氢化的椰子油，这种油具备很多令人惊讶的健康特质。

无数的研究显示，椰子油富含月桂酸。月桂酸是一种可以在人类母乳中发现的化学物质，具有抗病毒、抗菌及抗其他疾病的功效，并以其有助于建设机体免疫系统的能力而著称。椰子油现在被医学界看做是一种应对免疫系统疾病的强大工具。

总之，烹饪油的选择标准如下：

最好

橄榄油

芝麻油

菜籽油

大豆油

椰子油

酥油和黄油

不太好

红花油

葵花籽油

玉米油

花生油

　　参阅以上这些列表，你就能更好地运用本书所给出的不同膳食建议。要记住，这个计划之所以能够成功，是因为你不必也不应该运用意志力。最重要的要素是添加矿物质、进行简单的锻炼和饮用鸡尾酒早餐。这样，你就可以按照生理欲望，想吃什么就吃什么，想吃多少就吃多少。

男人来自火星♂4
女人来自金星

The Mars and Venus Diet and Exercise Solution

♛

第11章
体型决定吃什么

事实上，每个美国人都吃得很多，而且很不健康，但只有65％的人体重超标。很多肥胖人士其实比那些体型更瘦或肌肉发达的人吃得少很多。只要对血糖和不同的身体类型有所了解，我们就能理解为什么有人同样在吃垃圾食品，但却没有体重超标。

> 很多肥胖人士其实比那些体型更瘦或肌肉发达的人吃得少很多。

那些体型较瘦的美国人其实也吃了太多没有营养的碳水化合物（或是脂肪和蛋白质），他们也会渴望不健康的食品。只不过当他们的血糖升高，分泌出更多的胰岛素时，他们对多出来的能量会有不同的处理方式。这些能量不会被贮存为多余的脂肪，而是为肌肉或大脑所用。他们的大脑和肌肉一样，也会燃烧卡路里。

有些人则是通过上瘾行为或是焦虑和困扰来消耗这些多余的精力，而不是增加体重。当你的大脑或肌肉受到过度刺激时，你就会燃烧更多的脂肪。对有些人来说，过度思考会燃烧多余的血糖，另外有些人则通过过度活跃来燃烧多余的能量。你的身体类型决定了你处理高血糖的方法。以下是三种基本的身体类型。

1. 圆形体型

这些人天生具有更多的脂肪细胞。脂肪细胞的数目终生都不会发生改变。体型发胖只是意味着这些脂肪细胞的体积在变大。圆形体型的男性和女性的腹部都是圆的，就像一个苹果。如果他们的饮食不够好，就会导致体重增加。在健身馆花太多时间或过度锻炼反而会阻止他们体内的脂肪燃烧。

2. 三角形体型

三角体型的女性有着漏斗型的身材，三角体型的男性身材则更加结实挺拔，腰部呈倒三角形。三角体型的人天生比其他类型的人肌肉多。如果他们的膳食不够好，就会倾向于过度锻炼或对某一样东西上瘾。如果他们不锻炼，同样也会发胖。这种类型的人很容易通过增加锻炼来减肥。

3. 长方形体型

这种类型的男性和女性一般都比较瘦长。如果女性体重超标，一般会是在臀部和大腿部位；男性则一般是在腹部。他们很少超重，多余的体重主要是由于毒素在体内贮存引起的。这种体型的人由于骨骼较小，所以体重也比较轻。在遇到压力的时候，他们会失去胃口；当血糖降低时，他们就会渴望吃不健康的食物，而且还会暴饮暴食。他们体型较瘦，容易出现焦虑和强迫症。他们因血糖升高而产生的多余能量一般会被大脑所用，造成大脑过度活跃。

> 在遇到压力的时候，瘦人通常会暂时失去胃口，继而暴饮暴食。

除身体类型之外，其他健康因素也会影响到体重的增加或减少。药物、器官缺失、脑震荡、基因缺陷以及某种腺体的失衡都可能造成体重增加。最常见的就是甲状腺失衡，这会导致任何身体类型的人体重上升或下降。

到目前为止，影响体重和情绪控制的最重要因素就是我们所吃的食物。饮食习惯不好会激发基因疾病或由腺系统引起的荷尔蒙失调。只要能够有正确均衡的膳食，再加上排除体内蓄积毒素的机会，人的身体就会富有令人难以置信的适应能力和能量源泉。

要记住，没有任何一个人是单一的一种身体类型。我们通常都是至少两种类型的集合体。一种类型占主导地位，另一种占次要地位。20世纪40年代，威廉·谢尔登（William Sheldon）博士对人体类型进行了大量的研究。他的这一研究帮助我们解释了：为什么男人和女人会对膳食脂肪、蛋白质和碳水化合物的健康均衡有着各自的独特需求。

总的来说，对由不均衡的膳食引起的多余血糖，一般会有以下三种处理方式：

1. 贮存多余脂肪，这是圆形人对高血糖的反应。
2. 锻炼上瘾或过度活跃，这是肌肉型人对高血糖最常见的反应。
3. 过度的大脑活动——比如，担心和焦虑，这是瘦型人对高血糖的反应。

没有人是纯粹的一种类型，我们每个人都是三种类型的一个独特组合，或多或少都会呈现出三种血糖失衡反应。

在详细探讨如何针对我们的特定身体类型进食之前，让我们先来看看为什么我们总是会吃错东西。

为什么我们会吃错东西

低血糖的人总是会吃高血糖的零食，或把精制加工的食品作为正餐，然后迅速恢复良好的感觉。因此，他们当然渴望继续吃这些能够给他们即时回报的食物。他们的身体所知道的就只是突然感到饥饿，然后突然又好了。这种效果其实是不真实的，因为一两个小时之后，他们又会迅速垮下来，再次觉得没精打采。

这并不是我们想要吃不健康食品的唯一原因，但却是一个重要原因。其他的因素还包括大脑化学物质分泌太少、缺乏矿物质和酶以及不同程度的营养不良或营养缺乏。接下来让我们一起来快速了解一下胰岛素和低血糖之间的关系。考虑到美国人每人每个月食糖量高达1磅，对这个问题我们应该不甚其烦地反复加以解释。希望这一次有人能够听得进去。

胰岛素和低血糖

当我们吃加工食品或精制的碳水化合物时（糖、白面包、谷物早餐、馅饼），这些食物里面的糖会让我们的身体很快精力十足。食物进入你的胃，然后糖分很快被吸收到血液，为你的肌肉和大脑提供养分。如果你在摄取这些碳水化合物的同时还摄取了足够的膳食纤维、矿物质、蛋白质和脂肪，糖分就会以更缓慢和健康的方式进入血液。它会首先进入肝脏，然后以规律节制的方式释放出来，以保持稳定的血糖水平。

在吃缺乏营养的高升糖碳水化合物零食时（比如一袋薯片或几个甜

饼），由于糖分进入血液的时间太快，身体必须要从胰腺中分泌出胰岛素，才能降低血糖水平。血糖太高或太低都会对大脑的运行产生负面影响。如果你所吃的碳水化合物富含矿物质，并且有均衡的蛋白质和好脂肪，你的血糖水平就会维持均衡。

> **在血糖太低时，我们就会急切地想吃缺乏营养的碳水化合物，以提升血糖，增加体能。**

释放胰岛素以降低血糖的一个大问题是加重了胰腺的负担。不消一刻，就会分泌出太多的胰岛素。这就好像打棒球，投手精力十足时，他会刚好将球投在板上，一旦他变得疲惫，就会失去准星。当胰腺开始老化，疲于紧急制造胰岛素以降低血糖时，它就会变得更不准确。在血糖升高时，它会释放出太多的胰岛素，将血糖降得太低，从而导致你的精力直线下降。即使你很快获得了一些能量，也会非常不稳定。

为了降低血糖水平，胰岛素将血压中多余的糖分转存到了肌肉和肝脏中。多余的血糖最终都会转化为脂肪。这样血糖水平又会再次下降。这个时候我们又会想要吃更多的快餐，以提升血糖水平。这时又再次需要更多的胰岛素来降低血糖水平，贮存多余的能量。经过又一轮的低能量冲击，我们又会渴望更多的低营养食品，以快速提升精力。这就是我们为什么不断地渴求不健康食品的原因。这种能量增加对饥饿的大脑很有欺骗性，但却是短暂的，我们很快又会渴望更多的食物。

现在，让我们把这一知识应用到三种人体类型中，看看不同的身体类型有什么不同的膳食需求。

人有三种体型

让我们仔细地探索一下不同的人体类型分别有些什么不同的膳食需求。谢尔登博士把它们分别称为圆胖型、运动型和瘦长型。

★ 圆胖型（圆形）体格的特点是脂肪比例较高，肌肉质量相对较小，骨骼较大，新陈代谢缓慢。他们不擅长田径，在想要瘦身时，很难通过体育锻炼得到效果。

★ 运动型（三角形）最大的特点是拥有大量的肌肉，脂肪比例较低，骨骼中等偏大，新陈代谢较高。运动型的人适合从事需要力量和瞬间爆发的运动。他们必须注意不要上瘾，即使是对健康的行为（如工作或运动等）上瘾，也会让他们失去大脑能量，昏昏欲睡。太多的锻炼还会加速老化。

★ 瘦长型（长方形）容易成为耐力十足的田径运动员。他们身体轻盈，面貌年轻，脂肪比例低，骨骼偏小，肌肉少，新陈代谢高。不过他们一般都很少有兴趣从事体育运动，因为他们太忙于自己的思考和梦想了。他们一般不会超重，但是由于毒素积聚，随着年龄的增长，他们的腰上可能会长出赘肉。

1. 圆形体型

圆形体型的人需要从好的膳食脂肪中获得更多脂肪酸。不过我们所推荐的这一脂肪水平仍然要比美国人所认为的低脂膳食要低得多。和其他两种体型的人相比，圆形人需要的脂肪略多，但是和美国人每天100到200克的国家平均水平相比，圆形人需要的脂肪就更少。根据美国的膳食指导标准，我们一天只需要70到80克的脂肪。

<hr>

食用优质脂肪能帮助体内的脂肪燃烧。

<hr>

女性如果能在低脂早餐之外再补充一满匙新鲜的亚麻籽油（13克脂肪），将会受益匪浅。如果是2匙鲜榨亚麻籽油（114克脂肪）则更好。男人则可以服用1匙鲜榨亚麻籽油（57克脂肪）。如果你体重超标，就尤其需要更多的好脂肪，以便开始燃烧贮存的脂肪。好脂肪对于燃烧身体脂肪，维护组织健康，以及规范荷尔蒙的分泌和平衡都非常重要。

据专家所言，任何人一餐所能使用的好脂肪最多为15到25克。很多身体肥胖的妇女一顿饭所吃的脂肪超过了75克，但她们的身体却仍然缺乏好脂肪。圆形体型的人一定要每日三餐，并至少吃两顿均衡的零食。均衡的零食意味着有少许的蛋白质、碳水化合物和脂肪。比如说，几颗坚果，外加一点葡萄干就是很好的零食。坚果有均衡的蛋白质和脂肪，葡萄干则可以提供碳水化合物。

肥胖的妇女之所以体重超标太多，其中一个原因就是因为她们吃了太多的坏脂肪，好脂肪则摄入不足。她们的细胞事实上需要更多的好脂肪，以便燃烧多余的脂肪。她们会更想吃充满了逆态脂肪或坏脂肪的所谓"低脂"食品。

$\Omega-3$和$\Omega-6$脂肪酸不均衡的所有女性，无论是否是圆形体型都会承受不必要的痛苦。美国人普遍极度缺乏$\Omega-3$脂肪酸。由于缺乏$\Omega-3$，女性普遍都会有经前综合征及严重的更年期综合征。无论是男性还是女性的很多致命性疾病，从癌症和关节炎到心脏病，都和太多的坏脂肪和缺乏好脂肪$\Omega-3$有关。对所有体型的人来说，在早晨添加一点$\Omega-3$都是激发健康荷尔蒙和保持均衡的一个秘诀。

> 太多的胰岛素会阻碍多余的脂肪转化为能量。

摄入太多的坏脂肪和好脂肪都会使圆形体型的人增重，但是高升糖食品才是真正的罪魁祸首。我们经常会吃很多能快速燃烧的碳水化合物（馅饼、饼干、甜点和咖啡里面的糖），一次提高血糖指数，获得大脑所需的能量。摄入食物提升血糖对圆形体型的人来说就好像是挣钱花不完。如果你的现金账户里面钱太多，你会怎么办？我猜你可能会把钱放进储蓄账户挣取利息或进行安全投资。你的身体也会这么做。当血液里的糖太多时，身体就会把糖转化为脂肪储存起来，以备不时之需。

多余的脂肪也会在那里等待你的需要。一旦身体不停地分泌出胰岛素，脂肪就会不断积聚，而不是像能源一样被燃烧。这意味着你会变得越来越胖，越来越渴望脂肪和碳水化合物。

对你的身体而言，忽高忽低的血糖就好像是动荡的股市。如果股市每天都忽高忽低，大多数投资者都只会把手中多余的钱存为安全的退休基金。同样，如果你的饮食不能支持稳定的血糖，你的身体也会把脂肪储存起来。

只要你的饮食能够有合理的脂肪酸和蛋白质，减缓血糖的释放，胰岛素水平就会保持正常，你的多余脂肪也会开始燃烧。

如果你体重过重，那就要在早上起床时吃一份低热量高营养的早餐，为你的身体提供几小时所需的能量。这样，你的身体就会马上开始燃烧多余的脂肪，你也会觉得自己似乎有着无尽的能量！

2. 三角形体型

肌肉型的人需要从均衡的蛋白质膳食中获得更多的氨基酸。既要获得足够的蛋白质，又要同时保持健康的热量，这对于任何体型的人可能都比较困难。现在大多数肉和动物产品的蛋白质脂肪都比理想的要低。今天的养殖方式已经改变了家畜的蛋白质和脂肪比例。

现在的动物是按体重来出售的。因此，大多数农民都会尽量增加动物的体脂。他们用来让家禽和家畜增肥的东西同样也会让你增肥。我们所吃的肉不但脂肪含量太高，而且其中的好脂肪比例也发生了改变。现在肉里面的Ω-6脂肪酸不再和Ω-3旗鼓相当，而是多出了10到20倍。尽管脂肪是好脂肪，但是脂肪酸却失去了平衡。

> 鱼类有着非常好的蛋白质脂肪比。

这意味着我们所吃的鸡肉、牛肉和火鸡肉都含有太多的Ω-6好脂肪和太少的Ω-3好脂肪。要解决这一问题，就一定要购买放养的动物产品。在选择蛋白质产品时，一定要选瘦一点的肉，这样就可以避免摄入太多脂肪。鱼类则有着非常好的蛋白质脂肪比。三文鱼、鲭鱼、鳕鱼和金枪鱼的Ω-3含量都很高，而且脂肪比例也最均衡。你也可以在膳食中添加高蛋白低脂肪的食物或是蛋白质粉，以保证不会摄入太多脂肪。脂肪摄入太多会阻碍氨基酸转化为大脑化学物质。

由于肌肉发达，三角形体型的人比其他两种类型的人消耗蛋白质的速度都要快。如果蛋白质全部被消耗了，大脑就无法得到足够的蛋白质来制造多巴胺。三角形体型的人需要更高的蛋白质和脂肪比。太多的脂肪或碳水化合物会引起胰岛素反应，将所有的氨基酸都传输给了肌肉，以至于没有足够的营养来制造多巴胺。最近的研究显示出，脂肪太多和高血糖有着一定的联系。太多的脂肪会妨碍肌肉利用葡萄糖，从而导致血糖升高，并进而引发胰岛素反应。男性、三角形体型和肌肉发达型的人尤其容易出现这种反应。由于脂肪细胞更少，男性需要的脂肪也更少。对所有体型的人而言，保持适当的大脑均衡的秘诀就是：早晨起来喝一杯由矿物质和激活的蛋白质合剂，激发健康的大脑荷尔蒙。

太多的脂肪和碳水化合物会妨碍多巴胺的分泌。

由于肌肉更加发达，三角形体型的人和所有男性都需要更多的锻炼。这就是为什么男人减肥的速度一般会比女人快的原因。他们有更高的肌肉质量，肌肉细胞中的线粒体能更高效地燃烧脂肪。线粒体存在于细胞之中，通过打破食物的分子结构，释放出其内在的能量来燃烧卡路里。人体的大部分线粒体都位于肌肉细胞之中。要燃烧多余的体脂，就必须要运用或锻炼肌肉。要锻炼肌肉，就必须要让它们筋疲力尽，而不一定非得要拉伤。长期坐着的三角形体型的人如果不通过运用肌肉来保持正常的新陈代谢的话，多余的脂肪就会堆积起来。如果他们不锻炼，新陈代谢水平下降，他们就会开始囤积脂肪，变得越来越重。锻炼很重要，但是太多的锻炼也并不可取。

什么是锻炼太多？跑步7英里对很多人来说就是太多，即使这会让他们精神高昂得像一支飞上天的风筝。我有很多朋友才刚刚50来岁就需要做膝盖手术，就是因为跑步造成的。如果你的锻炼让你上气不接下气或事后让你感到腰酸腿痛，就说明你锻炼得太多了，这对每个人而言都是一条金科玉律。

如果锻炼不够，新陈代谢水平下降，脂肪就会开始囤积，体重也就增加了。

去健身房锻炼是个不错的选择，但是如果你不能享受整个过程，那就说明锻炼得太多。即使你非常享受，但是如果第二天觉得酸痛，那你就是在损伤自己的身体，同时妨碍了大脑化学物质的正常分泌。如果你有时觉得疲惫或厌倦，也说明你锻炼得太多了。

三角形体型的人容易锻炼过度，因为运动会刺激脑部分泌出内啡肽，让人精神振奋。这种好处其实是一种假象，因为过度锻炼会挥霍血液中的氨基酸，阻碍大脑持续分泌多巴胺。而多巴胺恰好与男性的精力和智力水平相关。

> **过度锻炼会阻碍多巴胺的分泌。**

在进行高强度锻炼的时候，所有的氨基酸都会进入肌肉，于是大脑就没有了氨基酸来制造快乐荷尔蒙——多巴胺。此外，所有的血糖都被消耗掉了，于是大脑就无法得到所需的血糖。大脑的所有能量都来自碳水化合物。当这两者都没有了的时候，大脑也就几乎什么都没有了。

过度锻炼对学生尤其有害。学校里的运动员总是成绩不太好，并不是巧合。运动员和普通人的差别就像两性差别一样，只不过是在身体类型上有所不同而已，没有智力上的不同。但是过度锻炼会让你精力更不容易集中、学习更没有动力、对人也更不体贴。太多的锻炼会降低多巴胺水平，减少脑部前额叶皮质的活动。

我们已经讨论过，脑部前额叶皮质决定了我们的注意力、判断力、控制冲动能力、解决问题能力、批判性思考能力、感觉和表达感情的能力、沟通能力和同情心——几乎所有的高级执行功能。由于大脑不能制造出足够的多巴胺，所以五分之一的学龄男童都被诊断出患有多动症和注意力缺陷症。而且90%的犯罪分子都是男人。不只是肌肉型的人特别容易出现低多巴胺，所有的男人和男童都容易出现这一情况。男人的肌肉一般比女人多20%，包括三角形体型的女人。尽管锻炼非常重要，尤其对男人来说，但过度锻炼的危害则更大，它会引发男性的低多巴胺症状，妨碍女性的脂肪燃烧。

当女性从事高强度或中高强度的锻炼时，肌肉细胞中的线粒体就会燃烧碳水化合物，而不是脂肪。这样会阻碍女性的脂肪燃烧，她们只会暂时感觉良好，但却会导致体重增加。中等强度和低强度的锻炼对女性是最好的。

关于这个话题，我最喜欢的一本书是杰·威廉博士所著的《24小时大变样》。她在书中为女性的健康和体重管理提供了全套的抗衰老方法，并详细地讲解了高强度锻炼对女人身体的危害。

女人总是很努力地保持体重，呵护身体，但是如果没有恰当的金星人锻炼方法，这些努力就会全部等于零！在她的"大夏威夷岛"的计划中，威廉博士向数以千计的男人和女人们证明了：只需24小时，你就可以通过饮食和锻炼让你的身体、头脑和精神都彻底改头换面。

> 有了正确的膳食和锻炼，你就可以在24小时之内制造出正确的大脑化学物质。

我们曾一起主持过很多培训班。我也亲自体验到了为什么很多完全请得起私人教练的社会名流、娱乐人士和企业高管会来参加她的培训班，寻求她的专业意见。她所强调的就是，你每天的所吃所行可以决定你的所感。你昨天做了什么远远没有今天正在做什么重要。修复和成长的过程只能是一天算一天。

> 除了暴饮暴食和吸烟之外，大多数的上瘾行为都是低多巴胺症状。

男人容易出现低多巴胺现象，高强度锻炼则会使得多巴胺进一步降低。因此，肌肉型男性更容易出现上瘾症状和多动症及注意力缺陷症。除了暴饮暴食和吸烟之外，大多数的上瘾行为都是低多巴胺症状。女性出现暴饮暴食和吸烟一般是一种低血清素症状，而不是低多巴胺。我们已经在第3章探讨过，上瘾性刺激物如何帮助男性补偿大脑低多巴胺。

三角形体型的素食主义者需要注意他们的蛋白质摄入情况。要提供制造大脑化学物质需要的所有氨基酸，就必须将各种蛋白质组合起来。谷物、蔬菜、豆类、坚果和种子中都有大量的蛋白质，但是它们本身并不能构成完全蛋白。动物蛋白——鱼、畜肉、禽肉、鸡蛋和奶制品——拥有所有必需氨基酸的均衡。通过增加食物的种类，素食主义者就可以很轻松地获得所需的蛋白质。

> 将氨基酸转化为多巴胺和血清素还需要维生素B12。

印度就有很多素食主义者，他们食谱中的一个重要成分就是小扁豆和大米。这两种食物组合在一起，就可以产生完全蛋白。在墨西哥，大米和豌豆的组合为那里的人提供了所有的必需氨基酸。在亚洲，人们则广泛地食用黄豆制品。对于那些选择不吃肉的人来说，黄豆可以说是一种神奇的替代品。每天，我们都可以看到越来越多的报导讲述高质量黄豆制品的益处。大麻籽（和吸食用的大麻是两回事）油是另一种含有所有必需氨基酸的非动物蛋白，这是一种有待进一步发掘的神奇蛋白质来源。大麻籽油还有理想的$\Omega-3$和$\Omega-6$脂肪酸比例。

当血糖上升时，肌肉型的人会通过过度锻炼将多余的能量全部消耗掉。如果他们受了伤，无法过度锻炼，他们的肌肉就会转化为脂肪。通过过度锻炼肌肉，他们享受到了大脑内啡肽升高的愉悦，但这会以身体的不必要损耗和拉伤为代价，加速老化进程。

在经过一次大型比赛之后，很多健美人士都会因极度疲惫而呼呼大睡。之所以这样，不仅是因为他们的血糖太低，而且还因为他们的大脑缺乏多巴胺。这时他们的身体总是会需要额外的睡眠，因为肌肉重建只会在睡眠时才能进行。只要得到了充足的睡眠，他们的大脑就能够补充衰竭的多巴胺。

3. 长方形体型

长方形体型的人需要从好碳水化合物中获取更多的糖（或葡萄糖）。每个人都需要大量的碳水化合物，无论他是什么样的身体类型。总的来说，在我们所需的卡路里中有50%都是来自好碳水化合物。碳水化合物中的糖喂养着我们的大脑和身体细胞。糖能够让我们能量充沛、机警敏捷。脂肪燃烧后也能够作为一种能量来源，但消耗了最多能量的大脑却只能从碳水化合物中获得能量。疲惫就是由于低血糖造成的。保持活力、清醒、热情——这些都来自于健康的血糖水平。

大脑其实并不在乎你吃的是哪种碳水化合物。所有的碳水化合物都会分解成为糖，而大脑所需要的就只是糖而已。没有糖我们会活不下去。氧气和水比糖更重要，但是糖是仅次于氧气和水的营养物质。在美国，没有人存在碳水化合物不足的问题，他们最普遍的问题是糖太多。

大脑只能从碳水化合物中获取能量。

瘦型体格的人倾向于通过过度的脑部活动将血糖升高所产生的多余能量全部用完。简单地说就是，他们的思考或感受太多。在血糖一路飙升时，他们的大脑就会着手将多余的能量全部用完。因此，长方形体型的人容易变得过分爱分析、焦虑、情绪化或患上强迫症。瘦型人的痛苦大多来自大脑失衡。他们可以多食用复杂碳水化合物，如谷物和豆类，以获得稳定的能量支持。太多的简单碳水化合物（单糖）会加重大脑失衡的症状。

瘦型人的痛苦大多来自大脑失衡。

从这个角度来说，那些将血糖不均衡表现为体重问题的人至少还看得出自己不健康，知道是饮食造成了他们的未老先衰。而那些整天都泡在健身馆，或一天可以跑步7英里的肌肉型和运动型的人则自以为很健康，因为他们看上去棒极了。但是，他们中的有些人会因为心脏病突发而骤然死去。跑步的人则会在50岁左右就全部得接受膝盖手术。而那些骨瘦如柴，想吃什么就吃什么，永远也不需要运动减肥的人，则忙于焦虑其他的事情，压根不知道他们的饮食也同样害了他们。他们只会认为造成所有病痛的原因都是基因问题。

长方形体型的人对糖容易敏感。他们的情绪波动很大。他们会特别想吃高升糖食品，以快速获取糖分，然后血糖又会骤然降低，精力和情绪也随之跌落。这意味着他们很容易掉进碳水化合物的陷阱。

血糖过高或过低的症状包括：易怒、消沉、疲惫、饥饿、困惑、虚弱和不安。数以百万的男性和女性都受到这些长期低血糖症状的折磨。他们可能会去心理咨询师那里寻求帮助，而事实上，他们真正缺乏的只是健康和均衡的早餐而已。火星人和金星人的健康法则要做的第一件事就是达到血糖的自然均衡。没有了对垃圾食品的渴望，你就可以为自己和孩子找到无法想象的平静和稳定，几天之内就可以发生翻天覆地的变化。

补充矿物质对于减少对糖的渴望、稳定血糖水平非常重要。缺乏铬会引起对糖和高升糖食物的过度渴望。铬分布在全世界的大多数地区，常见于土壤之中。以前，人们都是通过食用天然食物来获取这一元素，不过，时至今日，我们土地里的微量元素都已经接近衰竭了。

铬缺乏

过去的一个世纪，现代农业依靠的是化学添加剂，如季节性地补充氮肥、磷肥和钾肥。其结果就是，补充了这三种基本化肥的土地每年粮食都能够高产。经过很多年，包括铬在内的其他天然的重要矿物质和微量元素，就被清除出土壤，再也无法得到补充。因此，我们所食用的农产品中就会缺乏铬。由于食物中缺乏铬，我们的食糖消耗量就会持续上升。

在《赢得生机》这本杰出的著作中，盖伊·亨德里克博士指出，一百年以前，美国人大约每年只吃1磅糖。只有在特殊场合才会使用糖，而且用量也极少（大约一个星期一匙）。而现在，普通美国人每年要食用100磅以上的精制糖。几乎商店里能买得到的所有罐装、盒装和袋装食品中都有精制糖、精制脂肪或精制面粉，它们可以让我们的精神迅速振奋，但是吃完这些东西不到二十分钟，我们就会出现心里空虚。精制意味着所有的其他营养，如矿物质和脂肪，都被消除了。这种不均衡会给我们的身体带来浩劫。

死于心脏疾病的人体内的铬含量非常低。

食品加工则进一步将铬（以及其他对人体健康很重要的矿物质）的含量减少了90％。其结果就是普遍的营养性铬缺乏症，再加上生活方式的改变，更是进一步降低了人体内的铬含量。铬缺乏会导致焦虑、疲惫、意识模糊、视力损伤、免疫能力下降、体重增加、痤疮、低血糖症、糖尿病、胆固醇水平不健康以及动脉粥样硬化等。

几十年以前，研究者就已经发现，死于心脏疾病的人体内的铬含量非常低。最近的研究显示，患有心脏疾病的人比心血管健康的人血液中的铬含量要低40%。

铬之所以对人的健康和活力如此重要，是因为它起着调节胰岛素的辅助作用。一个人如果缺乏铬，胰岛素就不能正常运行，进而导致血糖水平出现潜在的危险。

如果我们的食物中不缺乏铬，就可以在有机谷物、糙米、花椰菜、肉制品、奶酪、奶制品、鸡蛋、蘑菇、花生和土豆中都发现膳食铬。在某些草本植物中也可以发现铬，如百里香、肉桂、香草、甘草和胡椒。所有胡椒科的植物——黑胡椒、青椒、红椒、甜椒，都富含铬。醉椒也是胡椒家族的一员，以其稳定血糖的能力而闻名，尤其是可以刺激血清素的分泌。由于我们今天的食物中没有足够的铬，所以补充铬以维持血糖水平非常重要。

> **铬缺乏让人渴求引人发胖的甜食。**

补充铬可以打破吃糖太多的怪圈。吃糖会造成铬缺乏，同时还会引起胰岛素和血糖水平急剧上升。铬缺乏又会让人渴求引人发胖的甜食，如此周而复始。如果胰岛素能高效运行，血糖和脂肪酸就会正常代谢，就会产生热量（生热作用）而不是让体重增加。研究显示，减肥饮食之所以能促进体脂燃烧，就是因为添加了膳食铬。

健美运动员常年都在服用铬补充剂，因为铬在蛋白质的代谢和体脂转化为肌肉质量的过程中起着重要的作用。有些运动营养学家甚至认为，即使是不锻炼，铬也可以轻微地增加肌肉质量，这大概是由于胰岛素敏感度增加引起的。研究表明，补充铬对治疗痤疮也同样有效。每天补充一点铬可以作为火星人和金星人健康法则的有机组成部分。

阿特金斯博士的饮食革命

罗伯特·阿特金斯博士首次提出了后来广为流行的低碳水化合物饮食这一概念。阿特金斯博士对一度曾非常流行的普里特金低脂疗法（Pritikin Diet）进行了完美的补充。普里特金的低脂疗法推荐的是高碳水化合物、低蛋白和低脂肪的膳食结构。而美国公众却是从一个极端走向了另一个极端。这对于很多人来说确实是迈出了重要而健康的一步。极端低脂肪饮食其实并不健康，同样，极端低碳水化合物也不健康。越来越多的专家都开始同意，均衡才是真正的解决之道。

之所以很多人觉得阿特金斯博士的低碳水化合物膳食结构不错，是因为吃更多的蛋白质和脂肪可以使得他们很容易停止食用不好的碳水化合物，如精加工的谷物和精制糖等。经过几天的高蛋白、高脂肪饮食之后，很多人就停止了对碳水化合物的不健康渴望，并走出了血糖陷阱。这对于所有身体类型的人都可以说是一个福音，对长方形体型的人尤其如此。

阿特金斯博士的这一饮食疗法遭到了很多专家的攻击，但是如果人们能够严格遵循规则，不过量食用蛋白质和脂肪的话，还是会很有效果。他还提及了一种维持饮食的方法，这就是吃很多的蔬菜，因为蔬菜是好碳水化合物。这个饮食方法的问题在于，很多人并不会去严格遵守计划，而是会吃太多的肉和脂肪，这样做同样也是不健康的。没有丰富的复杂碳水化合物，大脑就无法得到养分。大脑需要大量的碳水化合物维持其运行。由于没有足够的碳水化合物，女性就会渴望吃能够刺激血清素的食物，并很快放弃这一饮食计划。

　　如果你的汽车过热，就最好熄火让它冷却一下。但是这么做并不能解决问题。你必须要在散热器中加水，才能避免一发动又出现过热的现象。低碳水化合物可以降低胰岛素水平和食糖上瘾，但却会剥夺大脑所需的葡萄糖。禁食所有的碳水化合物就和对精神病患者施行脑白质切除术一样极端。这就好比由于大脑的某些部位太过于活跃，而动手将其切除。有很多方法都可以更好地放松大脑，而不是简单地切断能源供应，将其一股脑关闭。在他的新书《阿特金斯的生活》中，阿特金斯博士强调了将好碳水化合物和他的维持疗法相结合的重要性。

　　进一步的研究表明，长期实行高蛋白、高脂肪的膳食模式会增加患退化疾病的风险，尤其是：

　　1. 癌症。长期摄入大量肉食，尤其是红肉，会极大地增加患直肠癌的风险。要记住，这里所说的红肉并不是自由放养的家畜肉，后者更瘦，而且含有更多的Ω-3。此外，高蛋白的膳食中的膳食纤维也特别低。膳食纤维能促进废弃物从消化道排出，改善结肠内的生物化学环境，起到防御所有疾病的作用。

　　2. 心血管疾病。典型的高蛋白膳食中的坏脂肪尤其高。最近的一项研究显示，食用高脂肪的食物（火腿奶酪三明治、全脂牛奶和冰激凌）确实会导致心脏疾病。

　　3. 肾结石。美国家庭医生学会指出，动物蛋白摄入量太高是造成美国和其他发达国家肾结石流行的主要原因，该学会推荐应节制蛋白质的摄入。

　　4. 骨质疏松症。蛋白质摄入增加会促进尿钙，会增加骨折的风险。如果再限制碳水化合物的摄入，这种钙流失就会进一步扩大。

低碳水化合物确实可以起到暂时降低胰岛素的效果，但冒着以上副作用的风险实在是不值得，因为还有其他很多方法都可以保持血糖水平的均衡。

低碳水化合物的神话

人们对于高蛋白、高脂肪和低碳水化合物饮食的好处存在着许多误解。以下就是一些常见的神话：

1. 高蛋白饮食可以让体重急剧下降。高蛋白减肥计划所能减轻的体重大约是6个月20磅。这和其他低脂或素食减肥计划的结果没有什么不同。高蛋白高脂肪减肥计划之所以这么受欢迎，就是因为多吃脂肪让放弃不好的碳水化合物变得更加容易。

2. 油脂性食品并不会让人发胖。有些人错误地认为，美国人吃的是低脂膳食，但却仍然越来越胖，因此低脂食谱并没有效果。这种看法是不正确的。美国人所吃的脂肪和糖其实是越来越多。国家健康数据中心1980年～1991年的食物调查显示，在这期间美国人每天的人均脂肪摄入量并没有减少。1980年成年人平均每天的脂肪摄入量是81克，到1991年反而增加到了86克。

3. 碳水化合物吃得最多的人长得最胖。这个观点是完全错误的，因为长方形体型的人吃的碳水化合物最多，而他们一般都没有体重超标的问题。对圆形体型的人而言，深加工和精制的碳水化合物才会被转化为体脂储存起来。因此，我们不能错误地认为碳水化合物丰富的食物会造成肥胖。

临床研究表明事实正好相反。在整个亚洲地区，很多人都摄取了大量的碳水化合物，如米、面和蔬菜等，但是他们普遍都比美国人的体重轻。素食主义者的膳食一般都含有丰富的复杂碳水化合物，但是他们却比非素食主义者要瘦得多。

吃得越多，减得越快

丁·奥尼西博士明确地指出了高蛋白膳食对人体健康的很多危害，以及少吃坏脂肪膳食的很多好处。奥尼西博士推荐了一个以植物为基础的低脂肪膳食计划。这个计划利用的是自然形态的水果、蔬菜、全谷物、豆类和大豆制品，然后再加上中等数量的蛋白和无脂肪的奶制品或大豆制品，以及少量的糖和白面。这些食物有两个好处：有害物质很少，含有数百种可抵抗心脏病及其他很多疾病的物质。有了这个膳食计划，你就可以想吃多少就吃多少，而且还可以减轻体重。他还打消了少吃可以减肥的神话。

这个膳食计划受到的最多抨击就是，其中的脂肪对普通健康人来说太低。我觉得这个计划唯一存在的一个问题是除非你动力很强，否则很难坚持得下去。很多患有心脏疾病的人都采用了奥尼西博士的计划，最后真的战胜了疾病。由于这个计划非常有效，所以在很多保险计划中都包括了这一计划，作为防治心脏病的一种方法。如果你相对比较健康，而且生活很繁忙，你可能就很难有动力遵循所有的要求了。

在奥尼西博士的计划之外，如果再加上火星人和金星人的健康法则，那就会有效得多。只要早上能坚持火星人和金星人的健康法则，创造均衡的大脑化学，就能够很容易有动力坚持奥尼西博士所建议的健康膳食计划了。

糖的危害性

　　还有一种膳食计划也能达到阿特金斯博士的低碳水化合物膳食的减肥效果，这就是广为流传的低糖瘦身法。放弃食用太多的精制糖，这恐怕是美国人所能作出的最好的膳食改进。毫无疑问，任何人只要能作出这一改进，他的体重就会减轻，感觉也会舒服很多。

　　与此同时，我很惊讶地发现，居然有人会推荐含有阿巴斯甜糖的保健饮料和代糖品。对于阿巴斯甜糖，人们的褒贬不一，尤其是在互联网上。有些资料认为阿巴斯甜糖无害，有些资料则认为阿巴斯甜糖会带来危险的副作用，尤其是经过加热之后。我倾向于小心为妙，建议还是不要食用阿巴斯甜糖作为糖的替代品。

> 甜菊是一种比蔗糖甜五百倍的植物，研究显示，它能起到稳定血糖的作用。

　　其实有一些很安全健康的替代品，只不过食品服务行业没有把它们利用起来而已。甜菊是一种比蔗糖甜五百倍的植物，研究显示，它能起到长时间稳定血糖的作用，有时甚至能逆转糖尿病带来的部分损伤。甜菊在欧洲已经使用了几个世纪，没有发现有任何不良的副作用。

　　要取代糖的最好方法就是彻底不吃糖。如果你要吃高糖分的甜点，最好能喝一杯富含微量元素的柠檬水。我们知道，矿物质和柠檬能降低30%的血糖。另外，饮用矿泉水还可以免除为了处理精制糖而出现矿物质从骨骼流失的情况。精制糖的另一个问题就是，它会改变身体的pH值，让身体呈现出更多的酸性。一点点柠檬可以帮助你保持健康身体的弱碱性。

男人来自火星
女人来自金星

♂4

The Mars and Venus Diet and Exercise Solution

♛

第12章
身心健康的秘密：自我治愈

只要能给身体提供必需的支持，它就能自我痊愈。除了良好的营养和锻炼之外，还有一个方法能够让我们为身体提供一点帮助，这就是减少对咖啡、茶和酒精的依赖。

要让火星人和金星人的健康法则发挥作用，你不必马上就放弃这些刺激性的食物。最好是先练习一个星期，养成一个好的行为模式再说。如果你以前的习惯是每天早上要喝咖啡或茶才有精神，或是晚上要喝点酒才能放松的话，那就把这些习惯再保持一个星期，然后才考虑放弃对它们的依赖。只要你开始了我们的计划，就可以为最终放弃毒品、酒精和提神饮料打下基础。

一旦你在一个星期内建立了良好的行为模式，你就可以开始放弃不良习惯了。每一次在戒除不良习惯时，你的肝脏都会首先做一次大扫除，依赖性也会随之消失。在毒素清理完之后，你就再也不会染上其他的上瘾习惯了。

在你的体重恢复正常，而且也不会对任何东西上瘾之后，你还是可以偶尔喝点咖啡、茶或是酒。如果你愿意，也可以享受一点垃圾食品。我本人就是这样。我并不依赖这些东西，但是既然有时它们也能为我带来乐趣，于是我也会乐意享受一点。

为了控制体重，我首先坚持了一段时间火星人和金星人的健康食谱。几个星期之后，我减了15磅。在体重稳定之后，我就可以比较放松，偶尔也吃一点垃圾食品和小甜食，还不会有任何负面影响。永远记住，要从这个计划中获益，你并不是需要一个完美的膳食计划，或是成为一个完美的人！

如果你又重新开始对不良习惯产生依赖，你永远都有可能再次停止。这一次则会更加容易，因为你的肝脏比之前要健康得多，而且你也可以得到均衡的大脑化学的支持。一旦你开始分泌适量的多巴胺和血清素，改变不良习惯就会容易得多。

改变不健康的习惯

在采用了火星人和金星人的健康法则后，大多数人都自动停止了对咖啡因的渴望。戒烟要稍微困难一点。研究显示，戒烟会极大地降低血清素水平。血清素水平降低对女性的影响比对男性要大得多。酒精和咖啡上瘾则会刺激多巴胺的分泌，这就是为什么大多数男人最难以克服这两种上瘾行为。

不管是哪种情况，只要实行了几个星期的"火星人和金星人法则"，改变不健康的习惯就会容易许多。一旦你建立了轻松健康的行为模式，就会有更大的动力以健康的方式去呵护你的身体和大脑。如果在练习这个计划之后数月，你仍然会上瘾，那就不要再继续抗争，而是考虑使用静脉注射氨基酸的疗法，这或许对你来说会比较容易一点。

> 在5100万美国烟民中，90%的人都承认自己想戒烟，但是却戒不掉。

在5100万美国烟民中，90%的人都承认自己想戒烟，但是却戒不掉。这是因为，抽烟能暂时提升血清素水平，放弃抽烟则会极大地降低血清素。即使男性的血清素水平大大地超过了女性，他们也会依赖香烟来达到必需的大脑化学水平。而我们这个饮食计划能够刺激血清素的分泌，只需要几个星期，你就会发现抛弃抽烟恶习、重新呼吸新鲜空气会变得容易许多。

有了这种对大脑均衡如何改变习惯的全新认识，我们就可以对那些有上瘾行为的人施以更多的同情。数百万的人根本就对改善自己的人生无能为力。即使有精神医师的建议，即使所有的电视节目都在说"对自己说不"，很多人还是无法改变，除非他们能首先让自己的大脑化学达到均衡。

戒除不良习惯时会发生什么

一旦你放弃了不健康的习惯，有两件事会破坏你的努力。第一件就是大脑神经递质或快乐荷尔蒙的减少。这种失衡可能会导致你再次渴望刺激性物品。如果你已经遵循了保障大脑均衡的饮食和锻炼计划，这个反应就压根不会被感觉到，或只有很轻微的感觉。

第二件就是在戒除任何不健康的刺激行为时，比如，暴饮暴食、酗酒、嗜咖啡或嗜糖等，身体还会产生一个反应，这就是一旦你开始改变，身体就会开始排除毒素。你的肝脏会说："太好了，既然你不再把这些毒素往我身上压，现在我要开始大扫除了。"

> 在作出积极改善之后，身体会释放出毒素，使得保持改善变得更加困难。

一旦这些毒素被释放到血液，你的情绪和精力水平都会下降，如果不能得到适当的氨基酸补充，你就会再次寻求刺激物或不良习惯，以恢复良好感觉。有了"火星人和金星人的健康法则"，你就知道如何在每天早上一睁眼就帮助你的肝脏做大扫除。没有了刺激物或毒品，你就能直接给大脑提供它所需要的养分。

一般来说，放弃一种上瘾习惯需要动用9天的意志力和补充9天的氨基酸，然后上瘾症状就会消失。如果能吃上健康的食物，大脑也大约需要9天的时间来恢复工作。即使有了正确的饮食和健身计划，如果你的肝脏已因长时间的饮酒和服药变得极为虚弱的话，那么所需要的时间还会更长。

一旦你改变了不良习惯，肝脏就会开始清除因为上瘾习惯而蓄积的毒素。在这段时间，肝脏因太忙于排毒，以至于不会有足够的机会帮助合成必要的神经递质。你可能会花上更长的时间，才能体验到其他人可以迅速体验到的神奇效果，这一切都取决于你的肝脏状况。毒品和酒精上瘾则比较复杂一点，因为它们会削弱肝脏。"火星人和金星人的健康法则"的目的就是为了让你的肝脏变得更强健，这样它就能更有效地执行自己的使命。

治病要治本

"火星人和金星人的健康法则"能支持你的身体做它天生该做的事情。尽管这个计划并不能治愈具体的疾病，但它能够帮助你的身体自我修复。你的身体天生是健康的。当它因为事故、中毒和压力而生病的时候，它可以自我清除毒素，自我治愈疾病。

西方医学长于治标，直到最近才开始尝试治本。越来越多的医生开始意识到人们需要的并不只是快速修复和症状缓解，整体性医疗、预防性医疗和辅助性医疗也变得越来越普及。现代医学像个自以为什么都懂的青春期少年，现在终于成熟起来，开始理解除了开具处方药、辐射身体细胞和摘除人体器官之外，治疗还意味着更多。

> 现在人们需要的不只是症状的缓解，他们还想找到能激发身体长期改善的自然方法。

各行各业的医生和医疗机构都在他们的治疗手段中融入了其他的医疗方法，比如脊椎指压疗法、自然疗法和营养疗法、顺势疗法、传统中医疗法、静脉臭氧疗法（在德国合法，但是在美国还尚未合法）、增生疗法、静脉注射氨基酸疗法、针灸、草药、芳香疗法、能量疗法、精神疗法、气功、太极、瑜伽、冥想、按摩、想象疗法和日记疗法等。

> 饮食就好像是给油箱加油，医师治疗就好像是把汽车送去修理或做常规检查。

每一种不同的治疗形式都能以各异其趣的方式激发人体的自我痊愈能力。"火星人和金星人的健康法则"并不能取代身体对这些治疗支持的需要。火星人和金星人计划只能够通过给予你的身体所需的燃料，起到强化这些治疗形式的作用。饮食和锻炼就好像汽车的汽油，从医生或治疗师那里获得帮助就好比把汽车送去检修，我们总是会需要这些不同疗法的协助。有了"火星人和金星人的健康法则"，这些疗法会更加有效，而你对它们的依赖也会逐步减少。

以我个人的经验而言，所有这些医疗方法都是有效的。它们都很不错，但是如果你能每天再增加一点额外的营养和锻炼，它们的效果就会更好。

你的医生知道什么？

如果你目前正处于医生的监护之下，在运用本书的任何法则之前，当然需要先和你的医生谈一谈。要记住，很多医生在医学院的时候只接受过几个小时的营养知识培训，而且他们通常都十分忙，并不太清楚关于饮食和营养的所有最新研究。

一方面，医生每天都要面对很多承受着痛苦的病人；另一方面，药物销售商又不断在吹捧着最新神奇药物的好处。当你所关心的人承受着痛苦，而之前所有的方法都不管用的时候，人很难对药品说不。

> 很多内科医生和心理医生只接受过几个小时的营养知识培训。

在征询医生的意见时，一定要询问一下他接受了多长时间的营养知识培训。要知道，营养学医生至少要接受四年的营养学培训。如果你觉得你的医生受训的时间不够长，那就最好再征询一下别的医生的意见。现在有越来越多的整体疗法医生和替代疗法专家，他们都接受过营养学和其他补充治疗模式方面的训练。

为了说明这个问题，让我们来看看下面两个生动的例子。

膳食会影响健康吗？

三年前，卡罗尔参加了我举办的一个治疗培训班，这个培训班为期三个月，是专为身患致命疾病的人开设的。这些患者所需要的东西远远超过了"火星人和金星人的健康法则"。我们一个星期聚会三次，一起练习自我疼愈技巧。卡罗尔是培训班成员之一，这个班上一共有25名患3期和4期癌症的患者。开班后几个星期，就有三个成员去世，事实上他们已经病入膏肓，根本无法在家进行任何技巧练习，甚至都不能来参加聚会。

> 在3个月的时间内，有15个成员的癌症症状都完全消失。

在参加培训班之前，大多数的成员都知道自己只剩下几个月的生命。参加这个项目的每一个人，包括那些最终亡故的人，都说他们从我所教授的自我疼愈技巧中获得了极大的情感收获和精神提升。在3个月的时间内，有15个成员的癌症症状都完全消失。这简直可以说是一个奇迹，他们的医生和家人也觉得太神奇了。

后来又有两个成员死去，但是他们的家人都特地来告诉我们，这个小组如何帮助他们深爱的人度过了那个艰难的垂危时刻。其他5个成员没有明显的起色，但是至少他们并没有像医生所预言的那样进一步恶化。

> 在生病的时候，我们需要更多而不是更少的饮食指导。

卡罗尔就是最后完全复原或者说是自发疼愈的成员之一。第一个星期，在接受了这个项目的膳食改善教导之后，她向医生征询意见，而这个医生的回答简直令人震惊。

他告诉她，她吃什么都没关系。他对此的解释是："没有研究表明改善膳食可以帮助你治愈这种癌症。你想吃什么就吃什么吧。"

这种看法非常普遍。这样的论断除了不准确之外，还非常具有误导性和危险性。"火星人和金星人的健康法则"中最重要的一条就是：健康的身体想吃健康的食物，不健康的身体想吃不健康的食物。当你生病的时候，你需要更多而不是更少的饮食指导。如果你不健康，就不能吃自己想吃的东西，因为你所想吃的东西肯定是不健康的。只要你学会在新的一天开始时吃上一顿健康的早餐，你就不仅设定了新陈代谢的正确步调，而且还能够让自己对健康食物产生欲望，从而远离不健康的食品。

> 健康的身体能够忍受少量的垃圾食品，但是患有严重疾病的人则不能。

健康的身体能够忍受少量的垃圾食品，但是缺乏营养的癌症或其他致命疾病患者所需要的食物则应该像医生的处方药一样精确。如果你吃了太多错误的食物，身体天然的自愈能力就会大打折扣。

如果一个医生告诉我，营养对我的身体治愈癌症的能力没有影响，我就知道我应该尽快寻求其他人的意见。有了本书所提供的与食物相关的信息，并了解到食物会如何影响你的健康、快乐和爱情之后，你就会拥有一个原本已缺失的重要工具。一旦你将这一计划付诸实践，你就会知道，无论是对于身体健康还是心理健康，吃什么和吃多少都是最重要的因素。

第二个例子来自我做广播节目时经常接到的电话，以及在培训班上经常被问到的问题。人们会在电话上问："你是说我开始这个计划就可以不用吃抗抑郁药吗？"

我的答案永远都是一样的。如果你正在用药，那一定要咨询你的医生，和他商量你可以对食谱作出什么调整，以减少并最终消除你对药物的依赖。在医生的指导下，逐步减少用药量。

人们于是就会问："如果我按照这个法则来做，是不是就可以不再抑郁，也不用吃药了呢？"

我的反应是：在我回答你这个问题之前，让我先问你一个问题。给你开百忧解或给你的孩子开利他林的医生有没有问过你："你早餐吃什么？"他们有没有先让你养成健康的饮食和锻炼习惯，看看这是否能减轻或消除你的抑郁症状？

每一次，答案都是："没有，他们没有问过我早餐吃什么，也没有给我安排特别的饮食或锻炼计划。"

> 开具任何处方药都可能会出现严重的后果，应该谨慎对待。

在已经有了关于营养和抑郁的最新研究结果后，仍然在对患者的饮食缺乏基本了解的情况下就开具处方药显然是一个悲剧。如果一个人真的是受到了脑损伤，或是有严重的心理问题，那么开具精神活性药物会暂时性地起到挽救生命的神奇效果。如果问题并不紧急，就最好先了解患者的饮食和锻炼习惯。一个训练有素的专业医生应该通过建议并观察其他健康的替代方案，更准确地决定患者是否真的需要药物。

> 大多数服用百忧解等精神活性药物的人并没有心理疾病，只是缺乏营养而已。

对有些人来说，能够终生服用处方药已经是现代医学的奇迹。但是如果患者只是缺乏营养，那么服用处方药就好比是一种刑罚，而我相信大多数用药的人都是这种情况。在你的余生，你都会被迫生活在药物毒副作用的桎梏之中。

将来总有一天，当我们回顾现在对处方药的滥用时，会禁不住战栗不已，就好像我们现在回头去看一百年前的放血和脑白质切除术等医学手段一样。即使是患者真的有脑损伤，现在也有越来越多的研究机构可以支持氨基酸补充疗法和顺势疗法，帮助身体自我痊愈，以便于在某些时候不必使用药物。

如果没有全面了解"火星人和金星人的健康法则"，成人和儿童都会继续用药过量。这一疏忽确实是情有可原。自然替代疗法还没有成为主流，本书的很多观念都是以近几年才公布的最新研究结果为基础。这一研究揭示了某些氨基酸对制造正确的大脑化学的重要性，这一研究的实际运用（称为活性氨基酸补充法）甚至还不为大部分研究者所知。

自从20年前，我哥哥被诊断为患有狂躁抑郁症并开枪自杀以来，我一直在寻找这一突破。药物的副作用令他痛不欲生。在他死后，我发誓要找到一种心理疾病的自然疗法，无需用药，也无需忍受药物的各种副作用。

营造一个拥有健康、快乐和持久爱情的世界

当你开始关注眼前，感激现在的所有时，你也帮助世界向前迈进了一步。着眼于可以解决争端的现在，而不是我们无能为力的过去。

我们生活在一个特殊的时代。我们所拥有的潜力既可能令生活更加色彩斑斓，也可能更加愁云惨淡，而选择的权利就在我们自己的手中。

当你能够创造健康的大脑化学时，你也就有了选择权。当你忽视你的身体和大脑时，选择的权利就会从手中滑落，你会再次因为大脑的过度活

跃或不够活跃而受制于细枝末节的焦虑。你还有很多潜力有待挖掘。你每朝这个目标前进一步，就不仅会惠益于自己，也会惠益于自己所爱的人。

_____

分享你的成功，你的成功就会更大。

_____

对我而言，早晨起床锻炼，再吃一顿健康的早餐就不只是为我自己，也是为我的妻子和家庭。我知道，我为我的大脑和身体每做出一件正确的事，我就给妻子和家庭提供了更多的支持和爱。现在我知道，我的心灵和身体息息相关。我还知道我对待所爱的人的方式可以帮助到你和世界上的每一个人。每一次只要我努力创造能带来健康快乐和持久爱情的大脑化学，我就是真正的有所成就。

我知道你也能有所成就。只要我们共同努力，敞开心扉，就能够实现这一成就。欢迎你与我们一起分享这个奇妙的冒险历程。请与我保持联系，把你的反馈意见告诉我：www.MarsVenus.com。我将回答你提出的问题，听取你的建议和意见。最重要的是，让我知道你的成功。这对我以及所有访问网站的其他人都是极大的激励。

如果你能写信给我们，与我们分享你运用火星人和金星人健康法则的成功经验，这个计划就会对你、对我以及所有访问网站的其他人都更加有效。一旦你开始分享这个项目，你可以肯定你不仅能够做得到，而且最重要的是，你正在做！

你可以在加州时间早9点～12点的电台节目时间给我打电话，与我分享你的成功、疑问和挑战：1－888－火星人（MarsMan）。如果你希望接受私人指导，我也可以为你提供服务，你也可以在电话上获得火星人和金星人指导项目的建议：1－888－火星金星（MarsVenus）。这些教练都接受过培训，能够帮助你理清你的感情问题，然后从我的13本火星人和金星人系列丛书中为你提供建议。

每个星期周一至周五，你都能收听到我和节目来宾一起回答有关男性、女性、婚姻关系、约会、父母之道、饮食和锻炼方面的问题。这三个小时的早间节目都会被记录下来，全天在www.MarsVenus.com重播。这样，我就能在任何时候以各种方式为你提供支持。

有了这一支持，你就再也不会孤单。我会随时待命，为你效劳。你可以得到我的支持，我也需要你的支持。共同合作，我们就能改变自己和世界。衷心希望你永远与爱共同成长，全面享受健康快乐和持久爱情的大脑化学所带来的所有益处。

后记

　　如果男人和女人吃同样的东西，用同样的方法锻炼，就极有可能导致彼此冲突和相互失望，这就像在沟通和性事上完全不考虑男女差别一样。约翰·格雷是率先将火星人和金星人的性别差异和不同需要介绍给我们的第一人。

　　本书结合了五大健康领域的知识，这是一件意义非凡的事。这五个领域彼此休戚相关：大脑化学会影响到情绪、能量、关系和饮食行为；过度的压力又会影响到大脑化学、沟通技巧和注意力；情感关系则使得我们更可能出现抑郁、暴饮暴食以及其他压力问题。然而，在每一个领域，男人和女人的最佳健康状况都不一样。这就是本书的关键所在：男人和女人需要有各自独特的方法来创造大脑化学平衡。

　　在加州费尔菲尔德新港海滩的阿门诊所，我们亲自见证了脑部化学不正常会对生活造成什么样的负面影响，同时，我也亲眼看见了优化脑部功能如何极大地改善我们的生活。我们的诊所每年都会收治数以千计的患者，所处理的病症也各不相同，从夫妻之间的婚姻关系问题，到儿童的学习和行为问题、老年人的记忆问题。我们的主要工作就是平衡大脑功能，其工作原理正如本书所述，非常简单。

★ 大脑与我们所做的每件事都息息相关。我们的思考、感觉、行为、学习、工作和恋爱方式都源自于大脑每时每刻的实际运作。

★ 大脑运行正常时，我们的行为才会正常；大脑运行不正常时，我们就很难做到最好。

★ 人脑是宇宙中最复杂的器官。据估计，我们有1亿多个神经元，每个神经元又都通过数百个乃至数千个单独的链接与其他神经元相互联结。据估计，我们大脑中的链接比天上的星星还多。大脑还是身体能量的主要使用者，尽管它的体重只占身体的2%，但是大脑所消耗的热量却占了总热量的20%。

★ 大脑质地柔软，很像是软化的黄油。外面覆盖着很多皱褶的头骨。脑部轻微的受伤都有可能损及大脑，甚至彻底改变一个人的生活。但是，人们却对此知之甚少。

★ 精神病医师和精神健康专家应该研究一下那些具有学习、行为或情感问题的人的大脑。研究大脑功能可以为我们提供很多重要的信息。现在有很多工具都可以用来观察大脑的运行。

★ 一般来说，大脑的特定部位服务于特定的功能。比如，前额叶皮层与注意力、预见力、判断力、冲动控制能力及决策能力有关；大脑颞叶则主管记忆、情绪稳定和脾气控制；扣带前回则负责转移注意力以及认知灵活性。任何一个区域出现问题——无论是基因问题、脑损伤、中毒（吸毒或酗酒）、还是压力——都会导致各个区域出现相应的功能问题。

★ 保护和优化大脑功能对于协助人们发挥出自己最好的水平非常重要。在美国，尽管神经科学领域已经取得了很多成就，我们似乎仍然没有理解大脑对日常生活的重大影响。我们并不尊重大脑。比如，我们让儿童用头去撞足球，滑雪的时候不戴头盔，对"轻微"的脑部伤害不以为意。

★ 有很多方法可以优化大脑功能，包括使用补品、维生素和药物；恰当的饮食和锻炼；减轻压力（压力荷尔蒙会损伤大脑功能）；以及强化婚姻关系等。

阿门诊所最独特的一点就在于使用了SPECT（单光子发射计算机断层显像仪）来协助了解具有情感、行为或学习问题的人。大脑SPECT成像是一种核医学程序，它使用了放射性同位元素来观察正在运转的大脑。SPECT很容易理解，它揭示了三件事情：运行良好的大脑区域；运行困难的大脑区域；运行不太困难的大脑区域。SPECT可以看到健康的大脑功能，也能看出由于滥用药物或大脑受伤所带来的损伤、脑部痴呆先兆、焦虑、抑郁及注意力问题。我们还能从某些直到最近仍被认为是心理问题的疾病中看出实质性的大脑问题，如焦虑或抑郁。

　　我们在工作中最早的一个惊人发现就是：你的治疗手法必须因人而异。不是所有患抑郁症的人都会对同一种治疗方法有反应。传统抗焦虑的补品或药物只对部分人有效，对其他人则不然。治疗方式需依据患者的性别、脾气和大脑功能的个别差异而分别设计。这正是我如此乐意为约翰·格雷的这本书写后记的一个主要原因。

　　和约翰·格雷在书中所推荐的一样，我们也推荐患者改变膳食。食物就是药物。所有的人本能地就知道这一点：如果你在早餐、午餐或晚餐吃了正确的东西，那你就会感觉良好。如果你吃了错误的东西，你就会觉得头昏脑胀、精神不集中、感觉混沌。想一想，如果你一早起来就吃了3个油炸圈饼，30分钟后你会有什么感觉？大多数人都会觉得疲惫不堪、昏昏欲睡。如果你吃了一顿健康的早餐呢？你的能量会高得多，头脑也清醒得多。

　　锻炼也会通过各种不同的机制对身体产生影响。研究表明，锻炼会促进血液涌向大脑，增加认知能力，即使是对老年人也同样有效。锻炼还可以增加大脑制造血清素的能力。血清素是脑部最主要的一种情绪神经递质，能让我们更加灵活快乐。

　　爱情和婚姻对大脑健康也非常重要。在对人际心理治疗的重要研究中发现，治疗的所有好处都指向了大脑。对脑部的SPECT研究显示，经过一段时间的人际心理治疗之后，负责情绪控制的大脑区域就会很快恢复正常功能。英国杜伦大学的史蒂芬·D·马丁博士说：“我们在这些数据中看到了惊人的一致性。"杜伦大学Cherry Knowle医院的研究人员对27名患有严重抑郁症的患者进行了SPECT研究，然后随机给其中的14名患者使用了抗抑郁药，另外13名患者则进行了每周一个小时的人际心理治疗。六个星期之后，两组患者的抑郁症都有了极大的改善。治疗结束后的第二次SPECT研究显示，两组患者都有了极大改善，尤其是在脑部的情感区域，这表示患者的抑郁减轻，不再深陷于消极情绪之中。马丁博士称，我们和他人的日常互动会强化或损害大脑的工作，生活中多与人交往更能帮助大脑痊愈。爱和药物一样强大，但却有趣得多。

控制压力管也有助于保护大脑。最近的研究显示，压力荷尔蒙会损害大脑最主要的一个记忆中心——海马区。一个人压力越大，记忆力和脾气就会越差。学习应对并克服压力的新方法对脑部健康至关重要。

这本书对那些汲汲寻求快乐和全面生活的人大有裨益。有了这本书的帮助，你就能拥有更加健康的大脑和更加幸福的人生。

丹尼尔·G·阿门